【改訂版】

# 共同の創造

## アナスタシア

ロシアの響きわたる杉シリーズ

4巻改訂版

ウラジーミル・メグレ　にしやまやすよ訳　岩砂晶子監修

Anastasia Japan
直日

# Сотворение

**Владимир Николаевич Мегре**


ノヴォシビルスク 630121 私書箱 44 ロシア
Tel：+7 (913) 383 0575

---

ringingcedars@megre.ru
www.vmegre.com

# もくじ

アナスタシア　ロシアの響きわたる杉

第四巻

# 共同の創造

＊本書に記載されている数値や数字は、ロシア語原書発行当時のものです。また、内容の一部に、現在の日本において一般的とされる解釈とは異なる箇所もございますが、著者の意図を尊重し、そのまま訳出いたしました。
本文中「＊」のついた括弧内は翻訳者および監修者による注釈です。

# すべてが今でも存在している！

「あなたに創造について話をするわ、ウラジーミル。そうすれば一人ひとりが自分の疑問に自ら答えを見出すことができる。どうかウラジーミル、話を聞いて書いてほしい。創造主の偉大なる創造のことを。話を聞いて、神の夢のほとばしる希《き》求《きゅう》を、あなたの魂で理解しようと努めてほしい」

アナスタシアはそう口にすると、茫然《ぼうぜん》と黙ってしまった。私をみつめたまま黙っている。それはおそらく、彼女が話そうとする創造や神のことに対する私の不信感を感じたか、私の表情にそれが表れていたからだろう。

しかし実際に、ひとかけらの不信感も抱かずにいることなど、誰ができようか？　熱っぽくなったこの女世捨て人が妄想《もうそう》を膨らましているだけなのかもしれないのだ。そもそも彼女の話には歴史的根拠がない。昔の出来事を根拠をもって話ができる者がいるとすれば、それは歴史学者か考古学者だ。それに神のことなんて聖書で語られているし、他の宗教の本やありとあらゆる書物の中で書かれているのだ。そしてなぜか書かれていることはみな様々だ。それはひとえに、誰にも動かしがたい根拠がないからではないのか。

「根拠はある、ウラジーミル」

私の無言の疑問に答えて、突如アナスタシアは自信に満ち興奮した様子で話し始めた。

「どこにある？」

「すべての根拠、この大宇宙の真理は一人ひとりの人間の魂の内に永遠に保存されている。偽りやまやかしは長く存続することはできない。魂がそれを受け入れない。それゆえに多種多様な教義や思想が人々に投じられている。偽りは常に新しくなければならず、嘘やまやかしは常に目新しさ、新しい見せかけを必要とするもの。人類が社会構造を次々と変えていくのはそのため。失われた真理をそこに探し求めていながら、かえって真理から遠く離れていく」

「だが真理が一人ひとりの内にあるなんて、誰がどうやって証明した？　人間の魂の中か、どこか他の場所か？　それにもしあるとすれば、なんでそうやって隠れてばかりいる？」

「そうではないの。真理は毎日、人の一瞬一瞬の眼差しの前に自らを露わにしようと懸命なの。永遠の命は私たちを取り囲み、命の永遠性は真理により起こるもの」

アナスタシアは素早く両手を地面の草に押し当て、その上を走らせ、私の前に差し出した。

「みて、ウラジーミル、これらがあなたの疑念を追い払ってくれるかもしれない」

みると、差し出された手のひらには、草の種《たね》と小さな杉の種、そして何やら小さな虫が這っていた。私は訊ねた。

「いったいこれが何を意味するんだ？　ほら、例えばこの杉の種が？」

「みてウラジーミル、この種はこんなにも小さい。でも土に蒔けば、堂々たる杉の木に育つ。樫《かし》でもなく楓《かえで》でも、そして薔薇《ばら》でもない。必ず杉の木に。その杉にはまた同じ種がつき、そしてその種の中には、一番初めの杉の種と同じ根源のすべての情報が詰まっている。何百万年の前にも後にも、このような杉の種が土に触れれば、土から芽を出すのは、杉。杉なの。神の完全なる創造物であるこの一粒一粒の種の中に、創造主によるすべての情報があふれんばかりに埋め込まれている。何百万年経とうとも、創造主が埋め込んだ情報が時間によって消されることはない。最高の創造物たる人間にも、創造主は創造の瞬間にすべてを与えた。すべての真理とすべての未来の偉業を、偉大な夢にインスピレーションを受けた父が、愛する子どもたちの内に埋め込んだの」

「じゃあ、結局俺たちはどうやったらその真理を取り出すことができるんだ？　自分の中のどこかに？　腎臓《じんぞう》、心臓、それとも脳なのか？」

「『気持ち』から。自分が抱く気持ちによって真理を見極めようとして！　気持ちを信じてあげて。お金儲けのドグマから自分を自由にするの」

「まあいい、君が知っていることを話していればいいさ。気持ちとやらで君のことを理解する人もいるかもしれない。そもそも神っていったい何だ？　科学者が何らかの数式ででも表すことができるものか？」

「数式で？　数式で表せば、地球を何周も回れるくらい長く続き、途切れてもまた次の式が出てくる。神は人の知識を超えたもの。神は固体であり真空で、目にはみえないもの。神のことを頭で理解しようとするのは無意味。地上のすべての数式と大宇宙のすべての情報を、あなたの魂という小さな種に凝縮させ、それを気持ちに変えるの。そしてそれらが現れるようにしてあげるの」

「いったい何を感じろと言うんだ。もっと簡単に言ってくれないか。もっと具体的に、わかりやすく」

「ああ、神よ！　助けて！　今の言葉の組み合わせだけを使って、十分なイメージを創ることを助けて！」

「今度は言葉が足りない、か。国語辞典でも読んでからの方が良かったんじゃないのか。今使われている言葉が全部載っているぞ」

「今ある言葉は全部ある。でも、現代の本には、あなた方のご先祖たちが神を語るときに使ったことばは載っていない」

「古代スラヴの言葉（＊九世紀に翻訳した聖書に用いられているスラヴ語。二人の修道僧が聖書をスラヴ語に翻訳したと言われている）のことを言っているのか？」

「それ以前のこと。古代スラヴ文字の前に、人々には自分の想いを子孫たちに伝承する方法があった」

「君は何のことを言っているんだ、アナスタシア？　ちゃんとした文字はギリシャ正教の二人の修道僧から始まったことぐらい誰だって知っていることだ。確か名前は……何だったか忘れたよ」

「キリルとメトディオスによって、と言いたいのかしら？」

「ああ、そうだ。彼らが文字を作ったんじゃないか」

「より正確に言うと、彼らは私たちの先祖の文字文化を変えたということになるの」

「変えたって、どうやって？」

「命令によって。スラヴ人に自分たちの文化を永遠に忘れさせるように。根源から受け継いで残っていた知識が人間の記憶から消え去り、新しい文化が生まれる。よそから来た異教の神官たちに人々が従うように」

「文字と新しい文化がそれに関係あるのか？」

「子どもたちに外国語で書いたり話したりすることを教え、現在の言葉で表現することを禁止したとする。ウラジーミル、あなたの孫たちは何から今日一日のことを知ることになる？　過去の知識を奪われた者に、新しい知識を吹き込むことは簡単なこと。それらがどれほど重要なことかを、意味ありげに扱えばいいのだから。親たちのことについてさえ、子どもたちにどんな風にでも吹き込むことができる。ことばが失われれば文化も一緒に失われる、そういう計算だった。でもそんな目的を持った彼らも、みえない真理の芽が永久に人々の魂の内に残っていることを知らなかった。清んだ水がほんの一露《いちろ》あれば、その芽には十分なのだから。そして芽は育ちたくましくなる。ほら、ウラジーミル、どうか私の言葉を受け止めて、そこに隠れているものを感じてほしい」

アナスタシアはときにゆっくりと話し、ときに早口でまくし立てたかと思うと、ときに考えを巡らすように一瞬黙ったりしながら話した。そして普通の会話には不釣り合いな間を置いて発せられるフレーズは、まるで虚空《こくう》から取り出されているかのようだった。彼女の話には時折私の知らない言葉が編み込まれていたが、意味のよくわからない言葉を口にする度に、身震いをして、すぐに正しい、またはよりわかりやすい言葉に置き換えていた。そして、やはり何か神についての根拠を説明しようとしているのだった。

「誰もが知っているように、人間は神の資質を持った創造物——神の似姿。でも、どういう意味で似ているの？　あなたのどこに神の特徴があると思う？　それについて考えたことはある？」

「いや、考えるようなきっかけもなかったさ。君が教えてくれよ」

「日々の煩《わずら》わしい雑事に疲れて人が眠りにつこうと横になるとき、そして力が抜けて自分の身体を感じなくなるとき、みえないエネルギーの複合体であるもう一人の『私』の一部分が肉体を離れていく。そしてその瞬間、地上のあらゆる境界は存在しなくなる。時間も距離もなくなる。意識は、一瞬よりも速く、この大宇宙のいかなる限界をも超える。そしてこの一束のあらゆる気持ちの複合体は、過去や未来の出来事を感じ取り分析して、それらを今日の枠組みに当てはめ、夢をみる。

これらすべては、果てしなく広がる宇宙を、彼、つまり人間が肉体だけで感知しているのではないという事実を意味する。神が与えた意識が創造をする。人間の意識だけが、異なる世界を創造することも、神によって創造されたものを変化させることもできる。

人は眠りの夢の中で何かに怯えて叫ぶことがある。これはその人の持つ一束のあらゆる気持ちの複合体が諸々の地上の煩わしさから解放され、過去や未来の行いに脅《おびや》かされているの。

人は夢の中で何かを創造することがある。これらの創造は、ゆっくりまたは素早く地球的な形をまとうよう努める。そして歪んだ形であるか、調和に輝いているか、部分的か完全かは、どれだけのインスピレーションがその人の創造に関わっていたかによる。さらに創造のその瞬間に、どれだけ正確にそして詳細に、それらの特徴を取り込むことができるか。どれだけのインスピレーションがあなたの神なる『私』に力を与えるかによって決まる。

創造とは、この大宇宙のすべてにおいて神ひとりと、神の子すなわち人間だけに特有のもの。すべての始まりは神の意識。命を宿した物質は神の夢が具現化したもの。人の行いは、まず人の意識、そして夢が先行してから起こるもの。

創造の能力は地上のすべての人々に平等にある。ただ人々は様々な方法でその能力を利用する。それについても、完全なる自由が人間に与えられている。自由がある！

……じゃあ教えて、ウラジーミル。神の子どもたちは今どんな夢をみているの？　例えばあなたやあなたの友達、知り合いはどう？　彼らは創造の夢をなんのために使っている？　あなたはなんのために活用している？」

「俺？　それは……なんのためって、俺もみんなと同じように、人生でしっかりした基盤を持とうと必死で稼げるだけ稼いだのさ。車だって手に入れたいじゃないか。ほら、一台だけじゃなくてさ。他にも生活に必要なたくさんの物があるしね。それなりの家具だとか」

「それだけなの？　ただそれだけのために、神にしかない創造の夢を利用していたの？」

「みんなそのために利用しているんだ」

「なんのために？」

「金のためだよ！　金がなくっちゃ生きられないじゃないか。着る物だって。例えばちゃんとした身なりをして、少しは良いものを食べたり、買い物をしたり、飲んだり。わかったことじゃないか。それを君は『なんのため？』だとは」

「食べて……飲んで……。でもわかって、ウラジーミル。これらすべては尽きることなく無限に、最初のときからすべての人に与えられている」

「与えられているだって？　じゃあいったいどこへ消えてしまったんだ？」

「あなたはどう思うの？　どこへ消えたと？」

「簡単さ、最初の頃にあった服は着古してぼろ切れになり、食べ物は最初の人間たちが大昔に食い尽くしたんだろう。今や時代は変わり、着る物の流行も違うし、食べ物の好みも変わったんだ」

「ウラジーミル、神はご自身の子どもに永遠の服と尽きることのないほどの食糧を与えた」

「だから、いったいそれが今どこにあるっていうんだ?」

「すべて今でも保存されている。存在している」

「じゃあ、その隠し場所を教えてくれ。それだけの物がこれまで保存されているという場所を」

「もうすぐみることになる。ただしあなたの気持ちでみなければならない。自分の気持ちによってのみ、神の夢の創造の本質を知ることができるのだから」

# 創造のはじまり

はじまりを想像してみて。まだ地球がなかった頃。まだ物質が大宇宙の光を反射していなかった頃。でも今もそうであるように、この大宇宙は非常にたくさんの様々なエネルギーに満ちていた。生きたエネルギーの本質たちは漆黒《しっこく》の闇の中で意識し、そしてこの漆黒の中で創造していた。外からの光は必要なかった。自身の内側の光で自らを照らしていた。一つひとつのエネルギーの中にすべてが、つまり意識と気持ち、そしてほとばしる希求《ききゅう》のエネルギーが揃っていた。しかし一つひとつには違いがあった。それぞれの中で、ひとつのエネルギーは他のエネルギーよりも優位に立っていた。今もそうであるように、この大宇宙には破壊の本質と生命創造の本質があった。そして人の気持ちに似た、グラデーションのようにわずかな差異を持った様々な本質があった。これらの宇宙の本質たちは、他のものと互いに接触することはなかった。それぞれの本質の

内部では、無数のエネルギーの、ときに鈍く、そしてときに稲妻のように速い様々な運動があった。自身の内で創造されたものが、即座に自身の内で破壊されていた。この脈動は宇宙空間に変化を与えることはなく、目にみえないものであって、本質一つひとつが、空間の中でただひとり、自分が唯一の存在だと信じ込んでいた。唯一だと！

自身の使命が明らかでなかったため、満足をもたらす不滅の創造物を生み出すことはできなかった。それゆえに脈動には勢いもなく際限もなかったが、共通する運動もなかった。

突然、衝撃が走るように、すべてに接触が起こった！　無限の大宇宙のすべてに、同時に。すると、それらの命を宿しているエネルギーの複合体のうちのひとつが、突如他を照らし出した。そのエネルギーの複合体は年を取っているというべきか、とても若いというべきか、普通の言葉で言い表すことができないものだった。真空からなのか火花からなのか、何からなのかは問題ではないけれど、それは生じた。そのエネルギーの複合体は人間にとてもよく似ていた！　人に、現在の人に！　人のもうひとりの『私』に似ていた。物質的な方ではなく、永遠の、聖なる方の『私』に。ほとばしる希求のエネルギーと生きた夢の数々は、初めて少しずつこの大宇宙のすべての存在と接触するようになった。そして彼はひとり、あまりにも熱く熱く願ったので、すべての知覚運動がもたらされた。音の交信が初めてこの大宇宙に鳴り響いた。もしその最初の音を現代の言葉に訳すならば、私たちは質問と答えの意味を感じることができた。

無限の大宇宙のあらゆる方向から、他のすべての存在から、彼ひとりに向けてひとつの問いが放たれた。

「何をそんなに強く願う？」すべての存在が問いかけた。

彼は、自分の夢に確信を持って答えた。

「共に創造すること、そしてそれをみる歓《よろこ》びをみなにもたらすこと」

「何がみなに歓びをもたらす？」

「誕生！」

「誕生とは何だ？　みなが久遠《くおん》のときを自分自身で充足しているというのに」

「みなの一部ずつを内包したものの誕生！」

「すべてを破壊するものとすべてを創り出すものを、どうやってひとつにすることができよう？」

「相反するエネルギーたちを、まずは自身の内で調和させる」

「そのようなことが、誰にできよう」

「私ならば」

「しかし、疑念のエネルギーがある。疑念がおまえを訪れ、おまえを破壊し、細かな多数のエネルギーの破片へと打ち砕くであろう。相反するものをひとつに収めることは誰にもできない」

「確信のエネルギーもある。確信と疑念。これらが等しいとき、未来の創造が正確で美しくあるための助けになる」

「おまえは自身を何と名づける？」

「私は神。私は、おまえたちすべてのエネルギーの一部を少しずつ私の内に受ける。私は耐え抜く！　私は創造する！　創造が、大宇宙すべてに歓びをもたらす！」

するとなると、大宇宙のすべてから、すべての本質が一斉に彼へと無数のエネルギーを放った。そして一つひとつのエネルギーが、新しい場所で自分だけが最高位として現れるために、他のエネルギーを支配することを目指した。

こうしてすべての大宇宙のエネルギーたちの壮絶《そうぜつ》な争いが始まった。その争いの大きさを表すことのできる時間の永さはなく、規模を表現できる尺度もない。平穏が訪れたのは、何ものもひとつの大宇宙のエネルギー、すなわち神の夢のエネルギーよりも崇高で強大なものは存在しえないという認識がすべてに生まれた後だった。

神は夢のエネルギーを持っていた。すべてを自身の内に受け入れ、すべてを調和させ、鎮《しず》めることができた。そして神は創造を始めた。まだ自身の内だけで創造していた。また、自身の内で未来を創造しつつも、さらに一つひとつの細部を慈しみ、限りない速さで個々の創造物のために、すべてのものとの相互関係とその結び付きについて思念した。神はそのすべてをひとりで行った。果てしなく広がる大宇宙の漆黒の闇の中、たったひとりで。独りで、自身の内ですべての大宇宙のエネルギーの運動を速めた。結末が不明であるがゆえにみなが恐れ、創造主から遠く離れていった。そして、創造主は真空にあった。真空は広がっていった。

壊滅《かいめつ》するほどの寒さだった。恐怖感と疎外感《そがいかん》が周囲にはびこる中、彼には、彼ひとりだけには、既に素晴らしい夜明けがみえていた。小鳥のさえずりが聞こえ、花々の咲き誇る香りがしていた。彼はひとりきりで、燃えるような自身の熱い夢によって、美しい創造物たちを創造していた。

「やめろ！」何度も同じ声がした。「おまえは真空にある、今に破裂してしまう！　どうしてそれだけ多くのエネルギーを自身の内に留めることができよう？　おまえを圧縮するのを助ける力はないのだから、今やおまえの運命は、ただ砕け散ってしまうだけだ。しかし、もしおまえが一瞬でも止《とど》まるのなら、やめるのだ！　おまえの創造のエネルギーを少しずつ外へ放つのだ」

神は答えた。

「私の夢！　私はそれを裏切りはしない！　それのために私は圧縮を続け、私のエネルギーを加速しよう。私の夢！　その草の中に、花々の間に、みえる、蟻《アリ》が忙しく働き走っているのが。そしてみえる、母鷲《ははわし》が翼を広げて悠然《ゆうぜん》と飛び立ち、雛鳥《ひなどり》たちに飛び方を教えているのが」

未知のエネルギーによって、神は自身の内で大宇宙のすべてのエネルギーの動きを速めた。彼の魂の内で、インスピレーションがそれを一粒の核に凝縮させた。

そして突然、彼は何かが触れるのを感じた。あらゆる方向から、いたるところから、不思議なエネルギーが彼を焦がすほど熱してすぐに離れていった。その熱ではるか彼方から神を温め、また真新しい力で満たしながら。すると突然、真空であったすべてが光を放ち始めた。そして感極まった神が優しく問いかけたとき、大宇宙は新しい音を聞いた。

「誰だ？　どのようなエネルギーなのか？」

それに応える音楽のような響きが聞こえた。

「私は、愛とインスピレーションのエネルギー」

「私の内におまえの粒子がある。その粒子だけが侮蔑《ぶべつ》、憎しみ、悪意のエネルギーを抑えることができるとわかった」

「神よ、おまえのエネルギー、おまえの魂の夢は、すべてに調和をとることができた。そしてもしも私の一粒がその助けになったのであれば、聞いてほしい。神よ、おまえに私を助けてほしい」

「何を望んでいる？　なぜ、おまえのすべての火で私に触れた？」

「私はわかった、私は愛であると。私は分散することができないと。おまえの魂に私のすべてを捧げたい。おまえが善と悪の調和を崩さないためにも、私のすべてを取り込まないのはわかっている。しかしおまえの周りの真空を私が満たそう。おまえの周りで、おまえの内にあるすべてを温めよう。宇宙の冷たさが、暗闇《くらやみ》が、おまえに届くことはない」

「何が起きている？　いったい何が？　おまえはより強く、燦然《さんぜん》たる光を放ちだしている！」

「私自身の力ではない。これはおまえのエネルギー、おまえの魂！　それが私によって反射しているだけ。そして反射した光はおまえのナヴ（＊古代スラヴの神話等では、世界はヤヴとナヴとプラヴの三つの相で成り立っているとされる。ナヴは魂など、物質的でない世界と理解されている）の中に戻ってくる」

神は、夢中になり、集中し、愛のインスピレーションに奮えながら、感極まって叫んだ。

「すべてが加速している。私の内のすべてが燃えさかる。ああ、なんと美しいインスピレーションであろう！　私の創造の夢が、輝く愛の中でかく実現せんことを！」

# あなたが初めて現れたとき

地球！　大宇宙のすべての核として、またすべての中心として、目にみえる惑星、地球が生じた！　周辺に忽然《こつぜん》と星たちや太陽、月がみえるようになった。地球から放たれる目にみえぬ創造の光は、それらの内に自身の反射をみつけた。

初めて、この大宇宙に新しい次元空間が現れた。それは物質的な次元であり、輝きを放っていた。

地球が出現したその瞬間から、誰も、そして何も、目にみえる実体を持ってはいなかった。地球は大宇宙のすべてと接していたが、そして同時に独自で動いてもいた。

地球は自分自身で充足した創造物だった。植物も動物も、泳ぐものも飛ぶものも、それらは死ぬことなく、どこかへ消えてなくなることもなかった。腐敗したものからさえもウジ虫が生まれ、ウジ虫を他の命が養分とし、すべてが美しい一《いっ》なる命へと融合していた。

大宇宙のすべての本質たちは、戸惑いと感嘆をもって地球を見守るようになった。地球はすべてと繋がっていたけれど、誰も地球に干渉することはできなかった。

神の内ではインスピレーションが高まっていた。そして光の中では、神の本質が、輪郭を現在の人間のそれに変え、愛により満たされた真空をそこに取り込んだ。

速さも時間も超越し、神の意識は働き続けた。神の意識はインスピレーションの中で、すべての意識エネルギーのひらめきを無限に超え、創造を行った！　もうひとつの、まだ自身の内にある、目にみえない創造物を。

突然、ひらめきが炎を上げ、愛のエネルギーが新しい熱に身を焦がして身震いをした。そして神は歓びの恍惚《こうこつ》の中で叫んだ。

「みてくれ、大宇宙よ、みてくれ！　ほら、これが私の息子！　人間！　彼は地球に立っている。彼は実体を持っている！　彼の内にはすべての大宇宙のエネルギーの一部が一粒ずつ在る。彼はすべての次元において生きる。彼は私の資質を持った創造物――似姿。彼の内におまえたち全員のエネルギーの一部がある。だから彼を愛してくれ！　どうか愛してくれ！

私の息子は存在するすべてに歓びをもたらす。彼は創造！　彼は誕生！　彼の全身、彼そのものがすべてなのだ！　彼は新たなる創造物を創り、そして彼の繰り返される再生が永遠となる。

彼が一人であっても、彼が何度も増幅し数えきれない数になっても、みえない光を放ちながら、それをひとつに集めながら、彼はこの大宇宙を統治する。彼は命の歓びをすべてに与える。私は彼にすべてを与えた。そしてこれからも与え続けよう」

「こうして、最初にあなたがひとり、美しい地球に立つことになった」アナスタシアは物語を終えた。

「誰のことを話している？　俺のことか？」

「あなたのこと、ウラジーミル。そして本に綴られたこの一行に目を走らせる人もそう」

「アナスタシア、どういうことだ？　まったくの矛盾じゃないか。読者のみんながどうやってその話の場所に、たった一人で立つなんてことができる。そんな話は聖書にだって書いてあるんだ。初めに一人の人間がいて、アダムっていう名前だった。君だって、神は一人の人間を創造したって言ったじゃないか」

「そのとおりよ、ウラジーミル。でも考えて。一人の人間から私たちみんなが生まれたの。神の一粒の粒子が、そこに宿る情報が、地球で生まれるすべての人間の内に深く入り込んでいった。そしてもし、あなたが意識の力で日々の煩わしく苦しい重荷を捨て去れば、小さなその一粒に今日まで保存されてきているものを感じ取ることができる。それはそこにずっとあって、すべてを記憶している。その一粒の粒子は今のあなたの内にも、地球に生きる一人ひとりすべての人々の内にもある。それを解き放って、みえたものから感じ取って。今この一行を読んでいるあなたも、あなたの道のはじまりに目にしたものを感じて」

「それはすごいな！　じゃあ今生きている人間は、最初に、その地球にいたっていうことになるのか？」

「そう。でもいたのはこの地球、その地球ではない。ただ、地球が異なった様相をしていただけ」

「じゃあ、俺たちみんなをひとつの名前で呼ぶとしたらどうなる？」

「あなたは『アダム』という名前に慣れている？　ならそれでもいい。でもそれが自分のことだとちゃんと想像して。そしてみんな、一人ひとりが、その名前で呼ばれているのは自分だと想像してほしい。私は想像するのを、言葉を使ってほんの少し助けるから」

「ああ、助けてくれ。その頃の自分なんて、俺には今のところなんだか上手く想像できないよ」

「より簡単にできるように、春が終わり夏に差し掛かった季節に、園を訪れた自分を想像して。その園には秋の実りの果実が実っていて、園にはあなたが初めて目にするものがある。すべてが真新しく、その一つひとつに完全が宿っているとき、すべてを同時にみるのは難しい。でもアダム、あなたの瞳に最初に映った一輪の花をみたときのことを思い出して。あなたの眼差しが花のところで止まったのを。とっても小さな花のところで。


花は青くて、花びらの形はゆるやかな曲線でできている。ほんの少し花びらが開き、まるで空の光を反射しているかのよう。そしてアダム、あなたは花に近寄り腰を下ろした、創造物にみとれながら。この花の見え方はみるみる変わっていった。やさしく撫《な》でるそよ風が花の細い茎を揺らし、太陽の光線の下で花びらがかすかに揺れ動き、光の反射の角度を変え、その色のかすかな濃淡を変えながら。花びらはそよ風に揺れているのか、挨拶するように人間に手を振っているのか、それとも魂の内で奏でられている音楽の指揮をしているのか。そして花から、微かな香りがあなたを、人間を包もうとして放たれた。

突然アダムはとてつもなく力強い咆哮《ほうこう》を耳にし、即座に立ち上がり音の聞こえた方へ振り向いた。遠くにとても大きな雄ライオンが一頭、雌《メス》を連れて立っている。哮《ほ》えて周囲に自分のことを知らしめている。

アダムは、豊かなたてがみをいただくライオンの力強く美しい肢体《したい》をみつめた。そしてライオンは、アダムに気が付くとその瞬間に力強い跳躍《ちょうやく》で人間めがけて突進した。雌《メス》ライオンも遅れをとらずに走り出した。アダムはライオンの力強い筋肉の躍動《やくどう》にみとれた。アダムから三メートル離れたところで猛獣はピタッと立ち止った。人間の眼差しが彼らを愛撫《あいぶ》し、人間から至福の歓びが放たれ、愛撫されたライオンは酔いしれて地面に横たわった。雌ライオンもそのそばに横になり動かない。人間から彼らに向けられた至福の温かい光を崩さないように。

アダムはライオンのたてがみを指でとかしながら、隆々としたライオンの脚のかぎ爪を触り、それらを丹念に観察した。そして白い牙に触れた。ライオンがこの上なく幸せそうにのどを鳴らしたのをみて、アダムは微笑んだ」

「アナスタシア、最初に人間から放たれていたという、ライオンさえも人を八つ裂きにしなかった光って、いったい何だ？　それになぜ今は人から光が出ていないんだ？　今は誰も光ってなんかいないじゃないか」

「あなたは本当に気づいていないの、今でもその違いは大きいものよ。人間の眼差しは地上のすべてを見分ける。この小さな草の葉一枚や猛獣を、そしてゆっくりとした意識をもった石を。それは神秘的で謎めいていて、言葉では言い表せない力に満ちている。人間の眼差しは愛撫することもできる。また命あるものすべてを、破壊の非情な冷たさで覆うこともできる。例えば、あなたにもいつか誰かの眼差しで温かくなったことはなかった？　あるいは誰かの視線によって不快になったことは？」

「ああ、そうだな、あったよ。誰かがどのように自分をみているかを感じるようなこともあった。好意的にみていることもあれば、そうでないことも」

「ね、そうでしょう。つまりあなたは、愛撫の眼差しがあなたの内に心地よい温かさを創りだすことを知っている。そしてそうでない眼差しは、破壊や冷たさをもたらす。でも最初の頃、人間の眼差しの力は今より何倍も強いものだった。創造主は、地上の命あるものすべてが、この眼差しによって温められることを求めるよう創ったの」

「人間の眼差しの力は完全に失われてしまったのかい？」

「全部無くなったわけではない。まだ十分残されている。でも日常生活の煩わしい事柄や表面的な考え方、本来のものと異なる意識の速度、間違った真実への理解、鈍った自覚の力。これらが眼差しを曇らせて、すべての生き物が人間から何を望まれているのかをわからなくしている。魂の温かさは一人ひとりの内に保存されている。ああ、すべての人がそれに気づいたなら！　現実のすべてが、美しい原初の園に変わることができるのに」

「すべての人にだって？　最初のアダムのように？　そんなこと、本当にできることなのか？」

「すべては変わることができる。一人ひとりの意識が合わさりながら、人々の意識が目指すものへと。アダムが独りきりだったとき、彼の意識の力は、今の全人類の意識を束ねた力に等しかった」

「なるほど！　だからライオンも彼を恐れたんだね？」

「ライオンは人を恐れてはいなかった。ライオンは至福に満ちた光に跪《ひざまず》いたの。存在するありとあらゆるものが、人間だけがもたらすことのできる、神の恩恵を体験しようと希求していた。そのために地球上だけに限らず、存在するすべてのものが人間に、友、兄弟、神を感じようとしていた。親はいつでも我が子に最良の能力を宿そうとする。我が子に自分たちの能力を超えてほしいと心から願っているのは、まさに親。同じように創造主は人間に、我が息子に、自身がインスピレーションの高まりの中で希求した、あふれんばかりのすべてを与えた。そしてもし神が完全であることを理解することができるなら、みんながすべてを親の気持ちで感じてみてほしい。親である神が、我が子を、愛する息子、人間を、どのように創造することを目指したのかを。そしてその責任を負うことを恐れなかったことを。また、自分の創造物を永遠に放棄しないと誓ったことを。何百万年もの時を経て私たちまで届く、『彼は私の息子、人間である。私の似姿――私の資質を持ったものである』という言葉で」

「じゃあつまり、神は息子に、創造物に、まあその人間にだ、自分より強くなってほしいと望んだってことか？」

「すべての親がそれを希求していることが、それを証明している」

「それで、アダムは一日目に何をして神の夢に応えたんだ？　ライオンとの遭遇《そうぐう》の後、次に何を始めた？」

「アダムは存在するすべてのものを認識しようと欲した。そしてそれぞれの生き物に名前と使命を決めた。すぐに決めることができる生き物もあれば、長い時間かかるものもあった。例えば第一日目、彼は一日中プレントザウルスの使命を定めようと取り組んだけれど、決めることができなかった。そうしてプレントザウルスは地球上から消えてしまった」

「消えたって、なぜ？」

「消えたのは、人間が使命を定めることができなかったから」

「プレントザウルスってのは、象よりも何倍も大きい恐竜かい？」

「ええ、大きい、象よりも。そして小さい翼を持ち、長い首の上に小さい頭があって、口から炎を吐くことができた」

「おとぎ話みたいだな。例えば、民話に出てくるズメイ・ゴルイニチ（＊ロシアの民話にしばしば登場する三つ頭の悪龍）も炎を吐いていたよ。でもおとぎ話の中のことであって、現実じゃない」

「過去の現実が、おとぎ話で寓意《ぐうい》的に語られるのはよくあること。正確なこともよくある」

「そうなのか？　じゃあいったいそんな化け物は何でできていたんだ？　どうやって生きている動物の口から火が噴き出るんだ？　それとも火というのが寓意なのか？　例えば、この化け物は憎しみで呼吸しているとか？」

「プレントザウルスはとても大きくて、優しい生き物。どう猛ではなかった。外見上の大きさは体重を軽くするため」

「体の大きさが体重を軽くするためだなんて、どういうことだ？」

「風船の中に、空気より軽いものが多く詰まっているほど軽くなる」

「でもプレントザウルスはどうだ、風船じゃないだろう？」

「プレントザウルスは、生きた巨大な風船だったの。骨格の構造は軽く、内臓は小さかった。中身は風船のように空洞で、いつも空気よりも軽いガスで満たされていた。プレントザウルスは翼を羽ばたかせながらジャンプして、少し飛ぶこともできた。ガスが溜まり過ぎると、それを口から吐き出した。火打石のような牙が口から突き出ていて、摩擦で火花が発生することもあった。そして腹腔から出てくるガスに着火し、口から一気に炎が噴き出ていた」

「おいおい、ちょっと待ってくれよ！　じゃあ誰がそいつの体内に常にガスを充満させていたんだ？」

「ねえウラジーミル、だから言っているじゃない。ガスは食べ物を消化する際に体の中でできるの」

「そんなことはあり得ないよ！　ガスっていうのは地底奥深くにしかないんだぞ。それを掘って、それから天然ガスをボンベに詰めたり、パイプを通したりして台所のコンロまで運ぶんだ。それを食べ物からだなんて、そんな簡単なことがあるか?!」

「そう、簡単なの」

「俺はそんな簡単なことなんて信じないし、誰も信じないと思うね。実のところ、君が語ったすべては疑わしい。君の話すべてに、プレントザウルスの話だけじゃなく、君が話した他の話全部に対しても疑いを持たれるだろう。だから俺はこの話は書かないよ」

「ウラジーミル、どうしたの？　私が間違ったこと、つまり嘘を言うことができると思うの？」

「いや、嘘をつこうがつくまいが、ガスのことは君が間違っている。これは正しいよ」

「私は間違っていない」

「証明してみろ」

「ウラジーミル、あなたや他の人々の胃も、まったく同じガスを今作り出している」

「そんなわけがない」

「試してみて。ガスが出てくるときに、採って火をつけてみればいい」

「俺の中からどうやって？　どこから？　どこに火をつけりゃいい？」

アナスタシアは噴き出して笑った。そして笑いながら言った。

「あなたはまるで子どもみたい。自分で考えてちょうだい。ごくプライベートな実験だから」

私はその後ガスについて時々考えた。ガスのことが気になって仕方がないのだ。そして最終的にその実験を行うことを決意した。アナスタシアのところから帰った後、実験を敢行《かんこう》したのだ。なんと、火が付いた！　そして今は、彼女がアダムの最初の日々について、いやもしくは、我われの最初の日々について話したすべての言葉を、大きな興味をもって思い出している。なぜだか、まるで我われはその頃にあった何か大切なものを現在に持ち運んでくることを忘れてしまっているような気がし始めた。それとも私だけが忘れたのかもしれない。ともあれ、一人ひとりが、人間の第一日目がどのように過ぎたかということを知ったときに、自分のことは自分が決めればいいことだ。

以下は、アナスタシアが最初の日について話したことである。

# 第一日目

「アダムにとってはみるもの触れるものすべてが興味深かった。草の葉一枚一枚、奇妙で精巧な虫たちや、大空を舞う鳥たち、そして水。彼は初めて小川をみたとき、長い間それを愛《め》でていた。太陽に輝く様子や、清らかな水が勢いよく流れる様子にみとれ、水の中に様々な生命をみたのだった。アダムは手で水に触れてみた。流れはすぐに手を包み込み、手の皮膚のすべてのしわを愛撫し、彼を水へと誘った。アダムが全身を水に浸けると、身体はたちまち軽くなった。水が彼を支え、そしてさらさらと音を奏でながら、同時に全身を抱擁《ほうよう》した。手のひらで水をすくい上げながら、彼は魅了されていた。太陽の光が一滴一滴の水しぶきと遊んでいる様子に、それからその水しぶきを流れが再び取り込んでいく様子に。アダムはあふれる歓びとともに、この川の水でのどを潤した。そして日が沈むまで太陽に見惚れ、思索にふけり、再び水浴びをした」

「ちょっと待て、アナスタシア。君はアダムが水を飲んだと言ったけれど、その日一日アダムは何か食べたのかい？　どんなもので栄養をとっていたんだい？」

「周りには色々な種類の、様々な風味の果物やベリーが実っていた。木の実や食べられる草が。でも最初の頃のアダムは空腹を感じなかった。空気で十分にお腹が満たされていた」

「空気で？　空気で腹は膨れないさ。そんな言い回しだってあるくらいだ」

「今の人間が呼吸している空気では、確かに栄養をとることはできない。今は空気が死んでしまっていて、身体や精神にとって有害なこともある。空気で腹は膨れないという言い回しがあるってあなたは言ったけれど、他の言い回しもある『空気だけを食べていた』。これは、最初に人に与えられた状況に合うものよ。アダムは最上の園に生まれ、彼を取り巻く空気には有害な塵《ちり》は一粒たりとも含まれていなかった。その空気には花粉や清い露のしずくが溶け込んでいた」

「花粉だって？　どんな？」

「木々や木の実から大気に放たれた、草花の花粉よ。近くの木々からのものもあったけれど、遠く離れた場所のものも風が運んでいた。その頃、人間の偉大なる仕事を、食べ物を探すという問題が邪魔することはなかった。彼を取り巻くすべてのものが、空気を通して彼を養っていた。創造主は創造のはじまりから、すべてをそのように創った。地球に命を宿すものすべてが、愛の高まりの中で人間に役立つことを目指すようにと。空気も、水も、風も命を養うものだった」

「今君が言ったことは正しいよ、身体にとても有害な空気がよくある。だが、人間は空気清浄機を考え出した。空気清浄機は空気中の有害なものを取り除くんだ。水だって、ミネラルウォーターが瓶で売られている。だから今は空気と水の問題は大部分の人、貧乏でない人にとっては解決済みということさ」

「まあ、ウラジーミル、空気清浄機は問題を解決しないわ。清浄機は有害な粒子を閉じ込めるでしょうけれど、でも空気はさらに死んでしまう。栓をされた瓶に保存された水は、封じ込められることによって死んでしまう。そんな水は、肉体の古い細胞しか養えない。新しい誕生のためには、あなたの身体の細胞が常に新しく再生するためには、生きた空気と生きた水が必要なの」

# 問題の存在は完全なる命の証明

「アダムにはそれらが全部あったと？」

「そう、あった！　だから彼の意識は非常に速く駆け巡っていた。彼は比較的短期間で、万象万物すべてに使命を定めることができた。百十八年が、まるでたったの一日のように過ぎ去った」

「百十八歳……そんな老齢になるまでアダムは独りで生きていたのか？」

「独りで、心を奪われるほどワクワクする仕事の中で、彼は、最初の人間は生きた。彼の百十八年は、彼に老いをもたらしたのではなく、それは最盛のときだった」

「百十八年間も生きれば人は老いるさ。長寿だって言われるくらいだし、病気や衰弱《すいじゃく》が襲ってくるものだ」

「それは今のこと、ウラジーミル。その当時、人間は病気とは無縁だった。肉体の一つひとつの細胞の寿命は長く、細胞は疲弊《ひへい》したときに枯れて死に、そこへ新しいエネルギーに満ちた細胞が、古いものに代わって登場した。人間の肉体は、彼の精神が、魂が望むだけ生きることができた」

「じゃあ、現代の人間はどうなる？　長生きすることを自分で望んでないというのか？」

「自分の行為により一秒ごとに寿命を縮めている。死とは、人間自身が自分のために思い付いたもの」

「思い付いたなんてことはない！　死の方からこっちにやって来るんじゃないか、人間の意志に反して」

「あなたが煙草を吸ったりお酒を飲むとき、焼け焦げた悪臭に満ちた空気を吸わせる街に出るとき、力を削がれた食べ物で食事をするとき、そして憎しみで自分を飲みこむとき。ねえウラジーミル、もしそれが自分自身でないとすれば、いったい誰が自分を死に近づけているの？」

「今はみんなそういう生活を受け入れてしまったんだ」

「人間は自由。一人ひとりが自分の人生を築いて、自分の寿命を一秒ずつ決めていく」

「じゃあ、あそこでは、その楽園では、どんな問題も存在しなかったのか？」

「もし問題が生じたとしても、解決のために何かを犠牲にすることはなかった。完全なる命が証明されていたの」

# 最初の出会い

百十八年間のあるとき、日の出の光とともに目を覚ましたアダムは、春に魅了されなかった。そして、いつものように太陽の光に向かって朝を歓迎することをしなかった。彼の頭上では、木の葉の間でナイチンゲールが甲高い声で歌っている。アダムはナイチンゲールの歌声と反対の方を向いた。

彼の眼差しの前では、春の躍動が空間を満たし、川が水のせせらぎでアダムを呼び、ツバメが頭の上ではしゃぎ飛び回っていた。雲が景色を愉快に変化させた。草から、花々から、木々から、この上なく優しい香りが急ぎ放たれ彼を包もうとしていた。おお、神はそのときどれほど驚いたことか！　地上の創造物の春の絢爛《けんらん》たる美しさの中、抜けるような青空の下で、神の息子、人間が悲しんでいる。愛する我が子が、歓びではなく悲しみの中にある。父親にとって、愛する我が子のその光景より悲しいものがあろうか？

地球の創造のときから百十八年の間休息していた多くの神のエネルギーたちは、たちどころに動きざわめき始めた。大宇宙のすべてが静まり返っていた。かつてないほどの意識の速まりは、愛のエネルギーの光の輪の中で強い輝きを放っていた。これをみてすべての存在が理解した。神が新しい創造を構想しているのだと。しかし、インスピレーションの限りに創造を行った後で、これ以上他に何が創造できるだろう？　そのときは誰にもわからなかった。

一方、神の意識の速度は高まっていった。愛のエネルギーが神にささやいた。

「おまえは再びすべてをインスピレーションの運動に変えた。おまえの大宇宙のエネルギーたちが空間を焦がしてしまう。そのような激しい情熱の中で、なぜおまえは破裂もせず、自分を燃やさずにいられるのか？　おまえはどこを目指している？　何を？　もはやおまえが私を輝かせているのではない。みよ、我が神よ。おまえによって私は燃え、惑星たちを星に変えている。やめるのだ！　おまえによってすべての最上のものが創造された。おまえの息子の悲しみもいずれは消えゆくだろう。どうかやめておくれ、おお、神よ！……」

神には、愛の懇願《こんがん》が聞こえなかった。そして大宇宙の本質たちの嘲《あざけ》りも耳に入らなかった。神は若く情熱にあふれた彫刻家のごとく、すべてのエネルギーの運動を加速し続けた。すると突然、かつてないほどの美しい朝焼けの中、果てしなく広がる大宇宙に神は燦然《さんぜん》と輝きわたり、すべての存在が驚きの声をあげた。そして神は恍惚の中でささやいた。

「みよ、大宇宙よ！　みてくれ！　私の娘が地球の創造物たちの中に立っている。彼女のすべての特徴、姿かたちはなんと完璧で美しいことか！　彼女なら私の息子にふさわしいだろう。彼女に勝る創造物はない。彼女の内にも私の資質——似姿がある。そしておまえたち全員の粒子が宿っている。だから彼女を愛してくれ。どうか愛してくれ！

彼女と彼！　私の息子と娘がすべての存在に歓びをもたらす！　すべての次元空間において、いくつもの美しい大宇宙の世界を築き上げる！」

なだらかな丘の上から、露に洗われた草の上を、日の出の光と共に燦然と輝く乙女が、アダムの方へ歩んで行った。歩く姿は上品でつつましく、身体は均整がとれ、その曲線は滑らかで柔らかい。そして肌には神の朝焼けの光が宿っていた。さらに近づいて行く。ついに草に横たわるアダムの前に、乙女が立ち止った。

そよ風が豊かな金色の髪を整え、額をあらわにした。大宇宙は息をのんだ。

「おお、なんと美しい顔立ち！　なんと美しいおまえの創造物、神よ！」

アダムは草原の中で横になったまま、そばに立っている乙女にちらっと視線をやり、生あくびをして、瞼《まぶた》を閉じながらそっぽを向いた。

すべての宇宙の本質たちは、そのとき聞いた。いや、言葉ではない、アダムが意識の中で無気力に神の新しい創造物についての思案を巡らせていたのを聞いたのだった。〝何だ、来たぞ。また創造物がひとつ近づいて来た。何も目新しくはない、ただ私に似たところがあるくらいだ。膝の関節は馬の方がより柔らかくて丈夫だ。毛皮は豹《ひょう》の方が鮮やかで愉快だ。その上、呼びもしないのに近づいて来たぞ。私は今日、蟻たちに新しい使命を決めてやりたかったのに〟

そしてイブは少しの間アダムの近くに立っていたが、小川の浅瀬の方へ行き、低木の横に腰を下ろした。動かない水面に映る自分の姿を眺めながら。

大宇宙の本質たちがざわめきだした。そしてそれらの意識は一致した。〝二つの完全な創造物たちは、互いの価値を認め合うことができなかった。神の創造に完璧はなかったのだ〟

ただ、大宇宙のざわめきの中で、愛のエネルギーだけが、たった独りで創造者をかばおうとし、その柔らかな輝きで彼を包んだ。みなが知っていた、そして寡黙《かもく》で、果てしない神秘の中をさまよっていた。愛のエネルギーが考えを述べることなどなかったことを。愛はいつも目にみえず、そして寡黙で、果てしない神秘の中をさまよっていた。

しかしなぜこのとき、愛の全体が余すことなく神の周りで光を放ったのか？　宇宙のざわめきに耳を傾けることなく、愛はただ神を温め、その輝きでなぐさめた。

「休むがよい、偉大なる創造者よ。おまえの息子に理解する力を吹き込めばいい。おまえは自分の美しい創造物の何であれ、修正することができるのだから」

大宇宙はそれに応えることばを聞いた。そしてそのことばに、大宇宙は神の賢明さと偉大さを認めた。

「私の息子は私の資質を持った創造物――似姿。彼の内には大宇宙のエネルギーたちのすべての粒子が宿っている。彼はアルファでありオメガ（＊「彼は最初であり、最後である」の意）。彼は創造も、私も、そして誰であっても、物！　未来を体現する者！　この時点より、未来のいつにおいても、私も、そして誰であっても、彼が望まない限り彼の運命を変えることはできない。彼自身が望むことのみ、彼に与えられる。空《むな》しさの中で意識されたものは実現しない。我が息子は完全なる乙女の肉体を目にしても跪《ひざまず》きはしなかった。大宇宙のすべてが驚いたことに、彼は、彼女に驚かなかった。彼はまだ認識をしていない。しかし我が息子は自身の気持ちを通してそれを感じ取った。彼はまず、感じた、何かが足りないと。そして新しい創造物である乙女が、もつべきものを得ていない彼の前に現れた。我が息子よ！　我が息子は自身の気持ちを通して大宇宙のすべてを感じ取っている。彼はすべてを知っている、宇宙が有しているものすべてを」

大宇宙はひとつの疑問で満たされた。

「我われすべてのエネルギー、そしておまえのエネルギーを宿している者に、足りないものなどあるのか？」

そして神はすべてに答えた。

「愛のエネルギー」

すると愛のエネルギーは炎々と燃え上がった。

「されど私はひとつ、一《いっ》なるもの。そしておまえのもの。おまえがあるゆえに輝く」

「そう！　おまえは一《いっ》なるもの、私の愛よ」神のことばが響いた。「私の愛よ、おまえは光り輝き、そして優しく抱擁《ほうよう》する。おまえはインスピレーション。おまえはすべてを加速させる力がある。私の愛よ、おまえは感覚を研ぎ澄まさせる。そしておまえは平安。私の愛よ！　私の願いだ、地上に降りてほしい。余すことなくおまえのすべてを地上に。おまえ自身で、おまえの偉大なる歓びのエネルギーで、彼らを、私の子どもたちを包み込んでやってほしい」

愛と神との別れの対話は、すべての地上の愛の始まりの音だった。

「私の神よ」創造主に愛が呼びかけた。「私が離れると、おまえは独り、永遠に目にみえない。すべての次元空間で命を宿すものたちからみえなくなってしまう」

「これからは、私の息子と娘が光を放てばいい。ナヴとヤヴとプラヴにおいて（＊古代スラヴの神話等では、世界はこの三つの相で成り立っているとされる。解釈は様々だが、ナヴ＝魂などの非物質的な世界、ヤヴ＝物質的な世界、プラヴ＝宇宙の法則の世界などと理解されている）」

「私の神よ、おまえの周りを真空が取り巻いてしまう。おまえに力を与える温もりは二度とおまえの魂まで届くことはない。おまえの魂は冷えきってしまう」

「私のためだけでなく、すべての存在のために、その温もりを地上から放てばよい。私の息子たち娘たちの行いが、それをとてつもなく増幅させるだろう。そして地球全体が光り輝く愛の温もりで、空間に燦然と光を放つだろう。みなが地球からの、この上ない歓びをもたらす光を感じる。それによって私のすべてのエネルギーは温まることができるのだ」

「神よ、おまえの息子と娘の前には、様々な多くの道が開かれている。全次元のエネルギーが宿っている。そしてそのうちたったひとつでも他より優位になってしまうと、正しくない道へ運ばれてしまう。そうなってしまえば、おまえに何ができよう？　彼らにすべてを与え尽くし、地球から出るエネルギーが小さく、弱くなっていく様子をみているおまえに？　すべてを与え尽くしていながら、地上で破壊のエネルギーが他を支配してしまう様をみる。おまえの創造物は無慈悲《むじひ》な硬い皮で覆われ、草には石が打ち捨てられる。そのとき、すべての自由を息子に与えたおまえは何をするというのか？」

「私は再び石の間を緑の草で突き破り、小さな穢《けが》れのない草地で花びらを開かせよう。私の地上の娘たち息子たちは、自分の定めを自覚することができるだろう」

「神よ、私が離れると、おまえはみなにみえなくなる。人間を通して、おまえの名で他のエネルギーの本質たちが語り出すかもしれない。一部の人間が他の人間を従属させようとするかもしれないのだ。おまえの名で自分に都合のよいように本質たちが人々を説き伏せる、『私は神の希望で話すのだ。みなの中から神によって私一人が選ばれたのだ。みなの者、私に従いなさい』と。そのときおまえに何ができようか？」

「新しい一日とともに、私は太陽として昇り出る。地上のすべての創造物たちを一人残らず太陽の光が抱擁し、私の娘や息子たちが理解する助けとなるだろう。一人ひとりが自分の魂で私の魂と語らうことができるのだと」

「私の神よ、彼らは大勢で、そしておまえは独り。そしてすべての宇宙の本質たちは、人間の魂を征服することを熱望するようになる。人間を通して、自分のエネルギーだけを確立するために。

そしておまえの迷える息子は、唐突にそれに祈りを捧げるようになるだろう」

「窮地《きゅうち》や何もない虚空《こくう》に追い込む様々な原因となるものには、重大な障害があるだろう。偽《いつわ》りがもたらすことにはすべて、壁が立ちはだかる。私の娘たち息子たちには、真理を理解する意志がある。嘘には常に限界がある。しかし真理は無限。真理はひとつであり、常に私の娘たち息子たちの魂の自覚の内にある！」

「おお、神よ！　誰も、何ものも、おまえの素晴らしい意識の高揚と夢に、力尽くで対抗するものはいないだろう。それらは美しい！　おまえの意識と夢に従い、そして自分の意志に従って私は行こう。おまえの子どもたちを私の柔らかな光で温め、永遠に彼らに仕えることにしよう。おまえが授けたインスピレーションは、彼らが自分たちで創造するのを助けるだろう。しかしひとつだけ、神よ、お願いだ。私の小さな火の粉をひとつ、おまえのもとに残させてほしい。

おまえが漆黒の闇にいなければならないとき、おまえの周りを真空だけがはびこるとき、忘却のふちに沈み、そして地球の光が弱まるとき、この火の粉が……せめて、私の愛のたった一粒の小さな火の粉だけでも、おまえのために揺らめき光るように」

「ああ、ウラジーミル！」アナスタシアは叫んだ。「今日生きている人が、あの時の空を見上げることができたなら、目の前に偉大な光景が現れたのに」

大宇宙の光、愛のエネルギーが彗星《すいせい》となって凝縮し、地球へと急いだ。通りすがりにあった命のない惑星たちを照らし、また地球の上に新しい星たちを創っていった。そして地球めがけて進み続けた！　地球へ！　さらに近づいていく。ほら、愛がもうそこまで。突然、愛の光は地球の上で急停止し、震えだした。はるか遠くで、燃える星の間に、どの星よりも一番小さな星が生きているように感じたのだ。その星は、愛の光を追いかけて地球へと急いでいた。そして愛は、それが神からの愛の最後の火の粉であり、愛の後を追いかけて地球に向かっていることに気が付いた。

「神よ」愛の光はささやいた、「なぜ？　私にはわからない。いったいなぜ？　なぜ私のたった一粒の火の粉でさえ、おまえのそばに残さないのか？」

愛のことばに、大宇宙の暗黒から、もはや誰もみることができない、そして誰にも理解されない神が答えた。彼の神なることばが響きわたった。

「私に残すということは、すなわち彼らに、我が娘たちや息子たちに、すべてを与え尽くすことにはならない」

「神よ！……」

「ああ、おまえはなんと美しい。愛よ。たったひとつの火花だけでも、なんと美しい」

「私の神！……」

「さあ、急ぐのだ、私の愛よ。考えることなく急ぐのだ。早く行っておまえの最後の火花とともに、私の未来のすべての娘や息子たちを温めてやっておくれ」

大宇宙の愛のエネルギーが、最後の火の粉に至るすべてのエネルギーが、地上の人間を、そのすべてを包み込んだ。

すべてが愛の中にあった。果てしなく広がる大宇宙の真っただ中、すべての次元空間で同時に生きる、すべての本質の中で最も強い、人間が立ち上がった。

# 愛に包み込まれるとき

アダムは花々の香りに包まれて、草の上に横になっていた。木陰でうとうとし、意識はまどろみの中で緩慢《かんまん》に流れていた。すると不意に、不思議な温もりの追憶《ついおく》の波が彼を包み込み、その温もりの力の何かが彼のすべての意識を速めた。〝この前、私の目の前に新しい創造物が立っていた。私に似ていたけれど、違いもあった。しかしどこに違いが？　そして今あれはどこにいるのだろう？　おお、なんとあの新しい創造物に再び逢いたくなったことか！　逢いたい、もう一度。しかしなぜだ？〟

アダムは草の上からさっと立ち上がると、周囲を見回した。意識が急に燃え上がった。〝私の周りでいったい何が起きたのだ？　同じ空、鳥たち、草や木々、そして茂み。すべてはまったく同じだ、しかし何かが違う。私はすべてを違ったふうにみている。地球の木々や草花、香り、空気そして光、すべてが美しさを増した〟

そしてアダムの唇にことばが生まれ、すべてに向かって声高らかに叫んだ。

「私も応える、愛している！」

その時、新しい温もりの波が川の方角から流れてきたかと思うと、すぐに彼の全身を包んだ。彼はその温もりの方へ振り向いた。すると彼の前には新しい創造物が輝きを放っていた。川の浅瀬に静かに座っている乙女の姿が突如目に入ると、意識から理屈が離れていき、アダムは魂のすべてでその光景にみとれたのだった。彼女は清らかな水ではなく、彼をみつめていた。金色の髪の束を払いながら、彼に微笑みを注いだ。永遠《とわ》に彼を待ち焦がれていたかのように。

アダムは彼女へ歩み寄った。お互いをよくみたとき、アダムは思った。〝彼女ほど美しい瞳を持つ者はいない〟。一方で、声に出して言った。

「おまえは水のほとりに座っているのだな。水はとても心地よい。川で水浴びをしたいかい？」

「したい」

「その後で、おまえに創造物をみせようか？」

「みたい」

「私はすべての創造物に使命を与えた。おまえにも仕えるようにさせよう。新しいものを創造してほしいかい？」

「してほしい」

二人は川で水浴びをし、野原を走り回った。象によじ登り、陽気になったアダムが彼女のために踊り、乙女をイブと名づけたとき、ああ、乙女がなんと朗《ほが》らかに声をあげて笑ったことか！

一日は黄昏《たそがれ》に近づき、二人の人間は地上の次元の絢爛《けんらん》たる美しさの中に立っていた。色が、香りが、音色が彼らを愉しませていた。静寂に包まれたイブは、穏やかに夜のとばりが下りていくのを眺めていた。花びらもつぼみの中に収まっていった。美しかった昼間の景色が目の前から暗闇の中へと消えていく。

「悲しむことはない」アダムはもはや自信を持って言った。「今に夜の暗闇《くらやみ》が訪れる。暗闇は休息のために必要だ。しかし夜がどれだけ訪れようとも、必ず昼は再び戻ってくる」

「昼は同じ昼なの？　それとも新しい昼？」イブが訊ねた。

「おまえが望むような昼が戻ってくる」

「昼は毎日誰に支配されているの？」

「私に」

「おまえは誰に支配されているの？」

「誰にも」

「おまえはどこから来たの？」

「夢から」

「ではこのすべての目を愛撫し愉しませるものたちは、どこから来たの？」

「同じく夢から現れた、私のための創造物として」

「では、これほど美しい夢を奏でた存在は、どこにいるの？」

「彼はいつもそばにいる。ただし普通の眼差しではみえない。しかしいずれにしても、彼と一緒にいるのはとても快い。彼は自分を神と、私の父と、友と呼ぶ。飽くことなく、私にすべてを与えるのだ。私も彼に与えたい、しかし何を与えればいいのかまだわからない」

「つまり、私も彼の創造物なのね。私もおまえと同じように彼に感謝したい。彼を友と、神と、そして父と呼びたい。もしかすると、私たち二人で、父が私たちに期待していることをみつけられるかもしれないわ」

「何がすべてに歓びをもたらすことができるのかを、彼が話しているのを聞いたことがある」

「すべてに？　それはつまり、彼にも？」

「そうだ、つまり彼自身にも」

「彼が何を望んでいるか話してほしい」

「共同の創造と、それをみる歓びをみなにもたらすこと」

「何が、みなに歓びをもたらすことができるの？」

「誕生だ」

「誕生？　素晴らしいものはすべて誕生したわ」

「私は眠る前によく思いを巡らすのだ。独創的で美しい創造のことを。一日の始まりに眠りの夢から覚め、まだそれを思いつかない。美しいものはすべてであり、昼の光の中に照らし出されている」

「では一緒に考えましょう」

「私も、眠りに落ちる前におまえのそばにいたくなった。おまえの息遣いを聞き、温もりを感じ、共に創造することに思いをはせたい」

眠りに落ちる前、美しい創造の夢の中で、優しい気持ちの高まりの中で、二人の意識は互いを抱きしめ、ほとばしる希求の意識がひとつに溶け合わさった。二人の物質的な身体は、二人の意識を映した……。

# 誕生

昼が戻ってきては、再び夜が訪れた。ある日のこと、昼の盛りのとき、アダムは虎の子たちをみつめて考えを巡らせ、もの想いにふけっていた。そこへ静かにイブが歩み寄り、傍《かたわ》らに腰を下ろした。そしてアダムの手を取ると、その手を自分のお腹に押し当てた。

「感じて、私の中に、私の創造、新しい創造物が息づいている。アダムほら、感じるでしょう？じっとしていられない私の創造物がお腹を蹴《け》っている」

「ああ、感じる。私には、それが私のもとに来ようとしているように感じる」

「おまえのもとへ？　もちろんよ！　それは私のもの、でもおまえのものでもある！　私たちの創造物に会いたくてたまらないわ」

苦しみではなく、大いなる感嘆の中でイブは産んだ。

アダムは周囲のことや自分のことをすっかり忘れ、待ちきれなくて震えながらみていた。イブは新しい創造、共同の創造物を産んだのだった。

その塊《かたまり》は小さく、ずぶ濡れで、頼りなく草の上に横たわっていた。小さな両脚をまげて丸くなり、瞼《まぶた》は閉じていた。アダムは眼差しをそらすことなく、初めてそれがその小さな手を動かし、唇を開き、息を吸いこむのをじっとみていた。アダムは、この小さな者のわずかな動きも見逃さないようにと、まばたきするのさえ恐れた。かつてない気持ちが彼の内のすべて、そして周囲を満たしていた。その場に立ってはいられなくなり、突然アダムは跳び上がると走り出した。

大いなる歓喜の中、川岸に沿ってまっしぐらにアダムは行く先も知れず走った。そして彼は立ち止った。胸の中で、途方もなく美しい未知の何かがどんどん広がり、大きくなっていた。そして周囲のすべてが！　……そよ風はただ木々の葉をカサカサと揺らしているのではなく、歌っていた、髪を梳《と》かすかのように、茂みの葉や花びらを撫でながら。雲はただ空を泳いでいるのではなく、踊っていた、魅惑的な踊りを。水は輝き、微笑みながら駆け足で流れていた。なんということか！　川よ！　川は雲を映し出し、目の前で新しい曲線を描く。そして大空を舞う鳥たちの歓びに満ちたさえずり！　草の茂みの中の、歓喜に満ちた虫たちの音色！　すべてが、最上の宇宙の、壮大で優しく柔らかい一《いっ》なる音色の響きへと溶け合っていった。

力の限りたくさん空気を胸に吸い込み、突然アダムは叫んだ。彼の聞き慣れない叫び声は、獣のようなものではなく、この上なく優しい響きにあふれていた。周囲のすべては静まり返った。

そして大宇宙は初めて、地球に立つ人間が、歓喜しうたうのを聞いた！　人間がうたを！　そしてそれまで銀河で鳴っていたものはすべて鳴りをひそめた。人間がうたを！　幸せのうたが聞こえ、大宇宙が理解した。数ある銀河のうちにひとつとして、人間の魂から紡ぎだされたうたの音色より高く奏でる弦はないということを。

アダムのあふれんばかりの歓びは、歓喜のうたをもってしても表現しきれなかった。アダムはライオンをみつけると突進した。彼はライオンを地面に押し倒し、まるで仔猫であるかのように、笑い声を立てながらたてがみを引っ張った。それから飛び起き、ライオンに合図をすると走り出した。ライオンは追い付くのがやっとで、雌《メス》ライオンと仔《こ》ライオンらは完全に遅れた。アダムは何者よりも速く走り、手を振って、道に現れたすべての生き物たちについて来るよう呼んだ。彼の創造物が、みなに歓びをもたらすかもしれない、そう思ったのだ。

そして再び彼は小さな赤子の前に立っていた。彼の創造物！　メス狼になめられ、温かいそよ風に愛撫された、小さな、生きた、塊。

生まれたばかりの赤子の瞳はまだ開いておらず、眠っていた。アダムと一緒に走って来たすべての獣たちが、この上ない歓びに酔いしれて、彼の前で地面に伏せた。

「おお、まさに！」感激したアダムは叫んだ。「私の創造物から、光が、私の光に似たものが放たれている。私にまで尋常《じんじょう》でないことが起こっているのだから、彼は私よりも強い者かもしれない。すべての生き物が彼の前で酔いしれ伏してしまった。これこそ私が求めていたもの！　私にはできたのだ！　私は創造した！　美しく、生命《いのち》あふれる創造物を創造したのだ！　みんな！　みんなみてくれ」

アダムはあたり一面を見回し、はたと視線を止めた。イブのところで視線が止まったのだ。そして突然立ちすくんだ。

彼女は一人草の上に座り、ほんの少し疲れた眼差しでアダムを優しく抱擁した。

するとアダムの内と外で、愛が新しい力で、かつてない安らぎの力で輝きだした。

ああ、大宇宙の愛がどれほど震えたことだろうか！　アダムが麗《うるわ》しい乙女、母へと走り寄ってイブの前で跪《ひざまず》いたとき、彼女の豊かな金色の髪に、唇に、乳で満たされた胸に触れたときに。

それから彼は感嘆を優しいささやきに込めて、その歓喜を言葉で表そうとした。

「イブ！　私のイブ！　私の女よ！　おまえは、夢を実現することができるのか?!」

すると……少し疲れた、優しく静かな声が答えた。

「ええ、私は女、おまえの女。すべてを実現させましょう、おまえが想像したものを！」

「そうだ！　二人で！　我ら二人で！　今明らかになった！　我ら二人なのだ！　二人で父のようになるのだ！　我らには夢を実現する力がある！　みてくれ！　我らが父よ、我らの声が聞こえるか、我らの父よ」

しかし、アダムは初めてこのとき父の答えを聞くことができなかった。驚いた彼は跳びあがって叫んだ。

「どこだ、我が父よ？　私の創造物をみてくれ！　完全な、驚くべきおまえの地上の生き物を。すべてが美しい。木々や草花、茂みや雲。しかし立ち並ぶ花たちよりも美しいものがある。みてくれ！　おまえの夢が創造したどんなものよりも大きな歓びを、私の創造物はもたらした。黙っているのか？　みたくないのか？　あれは何よりも素晴らしいのだぞ！　私は何よりも私の創造物が気に入った。どうしたのか、神よ？　みたいと思わないのか？」

アダムは赤ん坊に目を向けた。目を覚ました赤ん坊の小さな身体の上で、空気はいつもより青く、風は何も揺らさなかった。ただ目にみえない誰かが、花を摘み、赤ん坊の唇の上で細い茎を折り曲げた。そして三つの優しい花粉の綿毛が赤ん坊の唇に触れた。赤ん坊は、唇で音をたてると、この上なく幸福な様子で息を吐き、手や脚を動かして再び眠り始めた。アダムは気づいた、彼が歓喜に浸っている間に、神は赤ん坊を慈しんでいたことを。ゆえに黙っていたのだと。

アダムは叫んだ。

「そうか、おまえは助けていたのだな！　つまり、おまえはそばにいて、創造物を認めていたのだな？」

そして、静かな父の声が答えるのを聞いた。

「そんなに大きな声を上げるな、アダムよ。おまえのその歓喜の声が子どもを起こしてしまうではないか」

「つまり父よ、おまえは愛したのだな？　私を愛するように、私の創造物を。もしくは私よりも彼を愛したのか？　もしそうであるならば、なぜだ？　説明してくれ！　おまえの創造物ではないのに」

「息子よ、愛は脈々と続くもの。新しい創造物にはおまえが受け継がれている」

「つまり、私はここに、そして彼の内に同時にあるということか？　イブも、また彼の内に？」

「そうだ、息子よ、おまえたちの創造物は、肉体に限らず、すべてにおいておまえたちに似たもの。彼の内に、精神と魂とが合わさり、新しいものを生み出す。またおまえたちのほとばしる希求は受け継がれ、そして歓びの気持ちを何倍にも強くする」

「それでは、私たちは大勢になるということか？」

「おまえは地球上を満たす。気持ちを通してすべてを認識する。そしてそのとき、他の銀河でもおまえの夢がより美しい世界を再び創造するだろう」

「この宇宙の果てはどこだ？　そこにたどり着いたとき私は何をすればよいのだ、私がすべてを自らで満たし、意識したものを創造したときに？」

「息子よ、この大宇宙は意識である。意識によりこの夢が生まれ、夢は一部が物質として目にみえる。おまえがすべての果てに到達したとき、新しい始まりと続きをおまえの意識が開くのだ。無から、新しい、美しいおまえが誕生する。おまえとおまえのほとばしる希求《ききゅう》、魂と夢を映しながら。私の息子よ、おまえは無限であり永遠、おまえの内に創造の夢がある」

「父よ、おまえと話すのは、いつもなんと快いものか。おまえがそばにあるのなら、私はおまえを抱きしめたい。しかし、おまえはみえない。なぜだ？」

「私の息子よ、おまえへの私の夢が大宇宙のエネルギーたちを取り込んでいたとき、私には自分のことを考える間もなかった。私の夢と意識はおまえだけを創造していた。それゆえに目にみえる私の形は創らなかった。しかし目にみえる私の創造物がある、おまえはそれらを感じればよい。それらを解き明かさなくてよい。全宇宙の何者も、創造物たちを頭脳で解き明かすことはできないのだ」

「父よ、私はおまえが話していると快い。おまえは傍《かたわ》らにある、いつもそばにある。私がこの大宇宙のもう一方の果てにあるとき、疑念や不可解さが心に訪れたとき、教えてくれ、どうやっておまえを探せばよいのか？　おまえはそのときどこにあるのか？」

「おまえの内に、そして傍らにある。我が息子よ、すべてはおまえの内にある。おまえは大宇宙のすべてのエネルギーを支配する者。私はすべての相反するものを、つりあうようにおまえの内に込めた。まさにそれゆえに、おまえは最も新しいものである。おまえの内で、どれかひとつだけに偏りを強くさせてはならない。それを許さなければ、私もおまえの内にある」

「私の内に？」

「おまえの内に、傍らに。おまえの創造物にはおまえとイブがある。おまえの内には私の一粒の粒子がある。すなわちおまえの創造物の内にも私がある」

「おまえにとって私は息子。では、新しい創造物はおまえにとって何となるのか？」

「再びおまえである」

「おまえは誰をより強く愛するのか。今のこの私か、それとも私から生まれし者か？　さらにその先に再び生まれる者か？」

「愛は一《いつ》なるもの。希望は大きくなる。新たな実現、新たな夢であるほど」

「父よ、おまえはなんと賢明なのか、おまえを抱きしめたくてたまらない！」

「あたりをみるがよい。すべての目にみえる創造物たちは、形に宿した私の意識と夢である。おまえの存在する物質次元で、いつでもおまえはそれらと話しをすることができる」

「父よ、私はそれらを、おまえを愛するのと同じように愛するようになった。イブを、そして新しい自分の創造物も愛するようになった。愛がすべてをとり包んでいる。そして私は永遠に愛の中にありたい」

「我が息子よ、おまえは愛の空間の中だけで、永遠に生きてほしい」


年月が過ぎ……、とでも言えるかしら、時間は相対的な概念だから。年月は過ぎたけれど、それを数える意味もない。人間には長い間死の感覚がなかった。つまりその頃、死は存在しえなかったの。

# 満たすことのできない林檎

「アナスタシア、でもはじまりの頃、すべてがそんなに良かったのであれば、その後いったい何が起きたんだ？　なんで今は地球上に戦争が起きたり飢餓《きが》に苦しむ人たちがいるんだ？　泥棒やギャング、自殺や監獄《かんごく》がある。不幸な家族や親のいない子どもたちがあふれてる。子どもを愛するイブたちはどこへ消えたんだ？　神、俺たちが永遠に愛の中にあると約束した神はどこだ？　そうだ、思い出したぞ、聖書にこのことが書いてあったな。禁断の木の林檎《りんご》を人間がもいで、口にしたからだ。神が人間を楽園から追放したんだ。それに、門に見張りまで置いたんだ。狼藉者《ろうぜきもの》たちが楽園に戻ってこないように」

「ウラジーミル、神は人を楽園から追放してはいない」

「いや、追い出した。俺は読んだんだ。神はさらにこのことで人間を呪ったのさ。神はイブに言ったんだ。彼女は罪を犯した、ゆえにこれからは苦しみの中で子どもを産むと。アダムには、額に汗をしなければ食べ物が得られないと。それが今、現実に俺たちに起こっていることだ」

「ウラジーミル、自分でよく考えてみて。ひょっとしたらそういう論理だとか非論理性は、誰かにとっては都合が良かったのかもしれない。何かの目的を持った人には」

「なんで論理だとか誰かの目的が出てくるんだ？」

「お願い、信じて。一人ひとりが自分で、自分の魂に問いかけて、事実を識別することを覚えなければならない。自分自身で少し考えれば、神が人を楽園から追放したりしなかったことがわかるのだから。神は今でもみんなを愛してやまない父であるの。彼は、神は、愛。それも読んだことがあるでしょう？」

「ああ、読んだよ」

「それなら論理はどこにあるの？　子どもを愛している親は、子どもたちを決して家から追い出したりしない。我が子を愛する親は、自分の苦しさに耐えながら、子どもの犯したどんな過ちをも赦《ゆる》す。また神は、人間の、自分の子どものすべての苦しみを冷淡に眺めているのではない」

「眺めているか眺めていないか、俺にはわからない。でも神は、俺たちが苦しむことに抵抗していないことだけは誰の目にもはっきりしているさ」

「おお、何を言うの、ウラジーミル！　もちろん神は息子からの、人間からのこの痛みにも耐え抜くでしょう。でも、なぜそれほどに、父を受け入れられないの？　神の愛を感じることが、それをみることができないの？」

「まあまあ、君は何をそんなに心配しているんだ？　もっと具体的に言ってくれ。どこで、何の中に、今日神の愛が現れているんだ？」

「街にいるとき、周りを注意深く観察してみて。美しい草の生きた絨毯《じゅうたん》は、命を宿さないアスファルトで覆いかぶせられている。家と名づけられた有害なコンクリートの巨大な塊《かたまり》が取り囲み、その間を死のガスを吐きながら車がせかせか走り回っている。でも、立ち並ぶ冷たい石の建造物の中にも、ほんの小さな空地さえあれば、そこに草や花たちが、神の創造物たちが立ち上がる。木の葉のさざめきや鳥の歌声を通して、神は、娘や息子たちが起こったことのすべてを自ら理解し、楽園に帰ることを喚起《かんき》している。

愛の光は地球上からだんだん少なくなっていて、太陽の反射はもうだいぶ前にすっかり弱くなっていたはず。でも神はたゆみなく自身のエネルギーで太陽に活力を与え、その光を強めている。父は前と変わらず、自分の娘や息子たちを愛している。父は信じ、待ち、夢を描いている。いつか、いつもの夜明けの光の中で、人間がふと我に返り、原初の開花した地球を取り戻すことを」

「しかし、どうして地球で神の夢に反したことが起こったんだ？　そしてそれが千年、もしかしたら百万年か、もうわからないほど続いているんだ？　どうやったらそんなに永い間ずっと待ち、信じ続けていられるんだ？」

「神に時間は存在しない。我が子を愛してやまない親としての信頼は消えることがない。そしてその信頼のおかげで、今この瞬間に私たちは生きていられる。自分たちで自分の人生を創造している、父により委ねられた自由を享受《きょうじゅ》しながら。でも、どこにも通じることのない道を人間が選択するようになったのは、偶然ではなかった」

「偶然じゃないって、ではいつだ？　『アダムの林檎』は何を意味している？」

「その頃、今と同じように、大宇宙は多数の生きたエネルギーで満ちていた。目にみえない生きた本質たちが一面に満ちていて、そのうちの多くは人間のもう一人の『私』に似ていた。それらはほとんど人間のようで、すべての次元空間を網羅《もうら》することができたけれど、物質的に実体を持つことはできなかった。まさにこれが、人間が彼らよりも優れている点だった。さらに大宇宙の本質たちのエネルギーの複合体の中では、常にひとつのエネルギーが、他より優っていた。でも、自らエネルギーの割合を変える能力はなかった。

さらに、大宇宙のエネルギーの本質たちの中には、神に似たエネルギーの複合体を持ち合わせているものもあった。似てはいるけれど、それらは神ではない。大量のエネルギーを自身の中で一瞬だけ均衡《きんこう》させることはできるけれど、神のように、命を宿す創造物たちを調和の状態で生み出すことはできなかった。

どのような力で物質の次元が創造されたのか、どこに、何にそれと大宇宙のすべてを結びつける糸があるのか。そして何によって、どうやってその世界が、自身を再生することができたのか。この大宇宙の中で誰一人として、これらの謎を、この宝物のような秘密を解くことができなかった。

地球と地上にあるすべてが神によって創造されたとき、創造がかつてないほどの速さで行われたせいで、本質たちには、何によって、どんな力によって神が森羅万象《しんらばんしょう》を創っているかわからなかった。

すべてが創造され、目にみえるようになり、すべての中で人間が最も強いことを目にしたとき、初めはその美しい光景に多くの宇宙の本質たちが驚嘆《きょうたん》し、歓喜した。そして彼らの中にそれを模倣《もほう》したいという望みが芽生えた。自分も同じものを、自分のものを創りたいと。その願望はどんどん大きく膨らんでいった。そして今も多くの本質たちの中にそれは残っている。他の銀河で、他の世界で、それらは地球に似たものを創り出そうとした。神が創造した惑星さえも利用した。多くのものが地上の存在に似たものを創ることができたけれど、でもただ似ているだけだった。調和した地球、そして在るものすべてが、すべてに相互に連携しているものを創ることは誰にも成し得なかった。そうして宇宙には今でも生命を宿す惑星はあるけれど、その生命はただ不格好な、地球にあるものの類似に過ぎない。

多くの試行錯誤はあった。しかし、よりよいものを創るというわけではなく、ただ模倣するのみで、すべてが徒労に終わった（神は秘密を明かさなかった）。それで多くの本質たちが人間に向かって問いかけるようになった。本質たちに明らかだったのは、人間は神の創造物であり、愛される者。そして愛する親は、子を愛するがゆえに彼に余すことなくすべてを与えずにはいられなかった、ということだった。それどころか、神は人に、自分の息子にもっと大きな可能性を与えたのかもしれない。だから大宇宙の本質たちは人間に問いかけるようになり、今でも懸命に問いかけている。ほら、今でも周りの人の中に、宇宙のどこかから目にみえない誰かが話かけてきたと言う人がいるでしょう。自分は知性だとか、善の力だと名乗って。最初の頃にも、彼ら、宇宙の本質たちは教訓だとか頼みだとか言って人間に問いかけていた。すべての質問の核心はひとつ。それは変わらぬまま、ただ単に異なった仮面で覆い隠されただけ。『教えてくれ、どうやって、どんな力で、地球が、そしてすべての存在が創造されたのか。人間よ、どのように、何によってお前はそのように偉大なものに創造されたのだ？』

でも、人間は結局誰にも答えを出さなかった。その問いの答えを人間自身も知らなかったから。今も知らないように。しかし、人間もその疑問に興味を持つようになり、人間は神に答えを求めるようになった。しかし、神は答えようとはしなかった。そして人間に、意識からこの疑問自体を手放すよう請うて言った。

『頼む、息子よ、創造をするのだ。おまえには地球の空間でも、異なる世界でも創造する力がある。おまえの夢に描かれたものは実現する。たったひとつの願いだ。解き明かそうとしないでほしい、どのような力ですべてが成り立っているのかを』」

「アナスタシア、わからない。なぜ神は人間にさえ、自分の息子にさえ、創造の方法を教えたくなかったんだろう？」

「私には推測することしかできない。神は実の息子にさえ答えないことで、懸命に人を災いから守ろうとした。大宇宙戦争を防いだのではないかしら」

「答えないでいることと、大宇宙戦争との因果関係がまったくみえないが」

「創造の秘密が明らかになったとしたら、大宇宙の他の多くの惑星で、地球のものと同等の力を持つ生命体が発生するかもしれない。二つの力はお互いを試そうとするかもしれない。平和的な状態になるかもしれないし、地球の戦争に似たようなことが起こる可能性もある。そうなれば、大宇宙戦争が幕を開けることにもなる」

「確かにそうだ、神の創造の方法は謎のままであった方がいいな。でも本質たちのどれかが、誰かに聞かなくても自分で答えを見つけ出したりはしないだろうか？」

「私は、絶対に誰にもみつけることはできないと思う」

「どうしてそんなに確信を持って言える？」

「この謎は、明らかであって、同時に存在しない。それと同時に謎はひとつではない。私に確信を与えるのは、創造という言葉がもうひとつの言葉で支えられているとき」

「どんな？」

「もうひとつの言葉はインスピレーション」

「それで、どうなるんだ？　この二つの言葉が一緒になって、何を意味するんだ？」

「それらは……」

「だめだ！　待って！　黙るんだ！　思い出した。君は言ってた。意識は、つまり言葉も含めた意識は、どこにも消えないと。そして実は俺たちの周りの空間に漂っていて、誰でもその声を聴くことができる。そうだよな？」

「そのとおりよ」

「大宇宙の本質たちも、聴くことができるのか？」

「ええ」

「じゃあ黙っていてくれ。奴らに教えることはない」

「ウラジーミル、心配しないで。ほんの少しだけ謎を明かすことになるかもしれないけれど、同時に、彼らの飽くことのない試みが、不毛で意味のないことだとわからせることもできるかもしれないの。彼らがそれを理解して、人に付きまとうのをやめるように」

「ふむ、そうなのか。なら教えてくれ、『創造』と『インスピレーション』が何を意味するのか」

「創造とは、神が大宇宙のすべてのエネルギーたちの粒子の一粒ずつと、自身のエネルギーとで創り上げたもののこと。たとえすべての本質たちが結集して地球に似た何かを創ろうとしても、あるひとつのエネルギーが足りない、神の意図のように特有で、神の夢においてのみ生まれるエネルギーが。インスピレーションというのは……、インスピレーションの高まりの中で創造は行われるもの。創造のインスピレーションの高まりにかきたてられて作品を創作する偉大な彫刻家や芸術家たちは、制作行為に没頭するあまり、どうやって筆を持っていたのか、何を考えていたのか、どこに立っていたのかということに一切注意を払っていなくて、後で思い出すことができないでしょう。さらに、神によって地球に遣わされた愛のエネルギーがある。愛は自由で、何ものにも支配されず、神への誠を尽くして人間だけに仕えている」

「なんて興味深いことだ、アナスタシア！　君は、本質たちがこれを聴いて、理解すると思うんだね？」

「聴いている、そして理解できるかもしれない」

「じゃあ俺が言うことも聴いているんだろうね？」

「ええ」

「それなら彼らのために、さらに総括してやろうじゃないか。おい、本質たち、もうはっきりわかっただろう！　もう人間たちにかまうんじゃない。創造主の創造の意図を解き明かすことはできないんだ！　どうだい、アナスタシア、うまいこと言ってやっただろう？」

「最後の言葉はとてもはっきり響いたわ。『創造主の創造の意図を解き明かすことはできない！』」

「奴らはどれだけの間、その謎を解こうとしてきたんだ？」

「地球と人間たちが現れた瞬間から、現在に至るまで」

「それで、奴らの試みがアダムとか俺たちにどんな害をもたらしたんだい？」

「アダムとイブに、プライドという傲慢《ごうまん》と自尊心、そしてエゴを呼び起こした。そして虚りのドグマを信じさせた。『今あるものよりも、もっと完璧なものを創りたくば、今ある創造物を分解して、どのようにして動いているのかをみることだ』。彼に頻繁《ひんぱん》にくり返し話し掛けた。『すべての構造を知りさえすれば、お前はどんなものよりも秀でるのだ』。彼らはアダムが神の創造物を分析し始め、その構造や使命を把握し、頭を使ってすべての創造物同士の相関関係を理解するように期待した。彼らはアダムが発する意識によって、神と同じように創造する方法を知ることができる。

アダムは初め、そんな助言にも頼みにも注意を払わなかった。しかしあるとき、イブがアダムに助言することにした。『声が聞こえるの、おまえがすべてのものの成り立ちを知れば、すべてがより素晴しく楽になると、何度も繰り返す声が。この助言を頑なに拒む理由があるかしら？一度くらいは従ってみてもよいのではないかしら？』

まずアダムは、美しい実をつけている木の枝を折った。そして……。そして、もうわかるでしょう。人間が持っていた創造の意識は停止してしまった。それから今に至るまで人間はずっと分析を続け、壊し続け、すべての構造を知ろうとし、自分たちでごく原始的なものを創造している。あの一瞬に止まってしまった意識で」

「アナスタシア、待ってくれ。まったくはっきりしない。どうして人間の意識が止まってしまったと思うんだい？　それどころか、何かを解き明かすことは、新しいことを学ぶことだと言われているんだ」

「ウラジーミル、人間は何も解き明かすべきでないと定められたもの。人の内には……どのように話せばわかりやすいかしら。人間には、いわば暗号化されたような形ですべての構造があって、そのまま保存されているの。暗号は、人間が自分のインスピレーションの中で創造の夢にスイッチを入れたときに開かれるもの」

「いや、解き明かすことがどんな害になるのか、なぜ意識を止めてしまうのか、やっぱりはっきりしない。なんとか良い例を挙げて説明してくれないか」

「ええ、その通りね。例を挙げてみる。想像してみて。あなたは、目的地に向かって自分の車を運転している。不意にあなたの頭に、エンジンはどのように働いているのか、何によってタイヤが回転しているのかをみなければという考えが浮かんだ。あなたは車を停めて、モーターを分解し始めた、例えばこういうこと」

「まあ分解して、何がどうなっているか知って、そうすれば自分で修理ができるようになるさ。それのどこが悪いんだい？」

「あなたが分解している間、あなたの動きは止まっている。時間までに目的地にたどり着けない」

「その代わり、俺は車についてより多くの知識を得る。新しい知識を得ることの何が悪いんだ？」

「なんのためにその知識が必要なの？　あなたの使命は車を修理することじゃなく、動いていくことを愉しみ、そして創造することにある」

「アナスタシア、なんだか君は説得力のない話をするようになったな。運転する人なら誰も君に同意する奴はいないさ。まあ、新しい日本車とかメルセデスなんかの外車に乗っている奴らくらいだろうよ、めったに故障しないからね」

「神の創造物は故障しないだけではなく、自身で再生する能力を持っている。それなのになんのために分解する必要があるの？」

「なんのためって！　興味があるだけでいいじゃないか」

「私の例えが上手くなかったのならごめんなさい、ウラジーミル。他の例を挙げてみる。そうさせて」

「挙げてみてくれ」

「あなたの前にとても美しい女性が立っている。あなたの中で彼女を求める気持ちが燃え上がった。彼女はあなたの好みで、そして彼女もあなたに興味がないわけでもなく、あなたと創造において結ばれることを欲している。でも一瞬、二人が結びつくための、創造のための高揚の前に、あなたの頭に突然、この女性は何でできているのだろうという考えが浮かんだ。彼女の内臓はどのように動いているのだろうか？　胃、肝臓、腎臓は？　彼女は何を食べ、何を飲むのか？　情事の最中はどうやってすべてがはたらくのだろう？」

「わかった。それ以上何も言わないでくれ。本当に良い例を挙げたもんだな。二人は親密にはならず、創造はない。その呪われた考えが浮かんだ以上は、うまくいかないさ。俺には昔そんな経験があったんだ。ある女性を俺はずっと好きだったけど、彼女は身体を許さなかった。でもある時、彼女が応じた。俺はどうすればもっとうまくできるかとか、なぜだか自分の力量を疑い出した。結局何もうまく行かずさ。どれほどの屈辱、それに恐怖を味わったことか。後で友人に訊いたら、彼も同じようなことがあったという。俺たちは二人して医者に行ったくらいだ。医者は、心理的な何かの要因が働いたのだと言った。何をどうやって、なんて疑ったり考えたりしちゃいけなかったんだ。こういった要因で苦しんだ男は少なくないと思うよ。今は理解できるよ。これはあの本質たちやアダム、そしてイブの助言のせいだったんだ。そうだ、やっぱり奴らの行いは良くなかったな」

「あなたはアダムとイブだけが悪いと言うの？　今をみて、ウラジーミル。人類のすべてが、神との約束を破りながら執拗《しつよう》に間違ったことを続けているのではない？　アダムとイブにはその結果がわかっていなかったけれど、なぜ人類は今日に至っても、しつこくすべてを解き明かし続けているの？　命を宿す創造物たちを破滅させるためなの？　結果がこれほど明白で、悲しいものだとみえている今日でさえも」

「わからない。みんなをどうにか奮起させる必要があるのかもしれないな。俺たちはみんな、あたり一面の分解をしつこく繰り返しているってことなのか？　今ふと思ったんだが、神がアダムとイブを罰しなかったのは本当にまずかったな。今人類を苦しめている馬鹿な考えが頭から出ていくように、アダムの首根っこをぴしゃりぴしゃりと打ってやればよかったんだ。イブには、アダムへの余計な助言で出しゃばらないように、お尻をよく撓《しな》る木の枝で鞭《むち》打ちだ」

「ウラジーミル、神は人間に完全なる自由を与えた。そして罰を与えることを考えもしなかった。それに、意識の中で既に行われたことは、罰によって変えることはできない。正しくない行いは、最初のその意識が変えられるときまで行われ続ける。教えて、あなたはどう思う？　例えば誰が死のミサイルや、それに搭載する核弾頭を発明したのか？」

「ロシアでは、コロリョフというアカデミー学者がロケットを造ったのさ。彼より前には、ツィオルコフスキーが理論上の説明をしていた。アメリカの学者たちが苦心してそれを造った。まあ、何にしてもロケット製造のために多くの人類の頭脳が働いている。世界各国で大勢の発明家が働いているんだ」

「ウラジーミル、すべてのロケットや他の殺人兵器をもたらしている発明家は、実際はたった一人なの」

「一人なんてあり得ない。ロケットの製造はあらゆる国の研究施設が総出で開発していて、その成果はお互い機密にしているのに？　軍備の競争は、誰がより早くより完成度の高い兵器を生み出すかということにあるんだ」

「彼、唯一の発明家は、学者や発明家と名乗り、どの国に住んでいようが関係なく、すべての人々に嬉しそうに耳打ちして回る」

「それでどこに、どの国にそいつは住んでいる？　そして名前は何というんだ？」

「破壊の意識。それは初めに一人の人間と繋がることに成功し、彼の物質的な身体を支配して、槍《やり》と石の槍頭を作った。それから矢と鉄の矢じりが作られた」

「でも、もしそいつが、その破壊の意識が、すべてを知っているのなら、なんですぐにロケットを造らなかったんだ？」

「地上の物質の次元空間では、意識されたものがすぐには具現化しない。物質界では、私たち自身が意識したことを理解するために、創造主によって時間がかかるように創られている。破壊の意識の上では、槍や今ある兵器や、何倍もの殺傷力を持った未来の兵器も、もうずっと昔に生まれていた。槍以上のものを地球の物質の世界で具現化させるには、たくさんの工場や研究所、現在科学と呼ばれているものを必要とした。そういったものは、表面上のもっともらしい口実で人々を惹きつけた。死をもたらす意識を具現化させるために」

「しかし破壊の意識は、そうやって飽きもせず、なんのために頑張っているんだ？」

「自分を確立するため。地球の物質次元全体を破壊するため。大宇宙のすべてに、誰よりも、そして神よりも自分の破壊のエネルギーの本質が優位であることをみせつけるため。それが人間を通して行われている」

「おお、なんたる悪党だ！　どうやったらそいつを地球から追い出すことができるんだ？」

# それとの密接な関わりを避けなければ

「自分の内に、破壊の意識の侵入を許さないこと。すべての女性が、破壊の意識を受け入れた男性との親密な関わりを持つことを避けること。破壊の意識を何度も復活させないために」
「おお、それは！　もし女性たちがこのことをみんなで申し合わせたら、軍事科学の学者たちは頭がおかしくなっちまうだろうな！」
「ウラジーミル、もし女性たちがそのように行動したら、地球に戦争はなくなる」
「ああもう間違いないね。アナスタシア、君はすごい方法ですべての戦争の痛い所をついてやったな。やるね、君のアイディアはすべての戦争を打ち砕くかもしれない。うまく捉えたよ。実際、女性たちが自分と夜を共にしてくれない、子孫を残してくれないなんてことになるなら、戦争をしたいという男なんていなくなる。すると、戦争を企てる奴らは、自分で自分を、それに自分の子孫も殺すことになるんだな」

「女性たちみんながそうしたいと思い始めさえすれば、戦争を企てる人もいなくなる。神の前において、イブと自分たちの内にある原罪は、今生きている女性たちによって贖《あがな》われる」

「そうすると、地球で何が起こるっていうんだ？」

「原初の花によって、再びこの地球は彩られる」

「アナスタシア、君は粘り強い、依然として自分の夢に忠実だ。だがそれと同時に君は無邪気だ。地球上すべての女性を信じられるなんて⁉」

「女性たち一人ひとりに、今日地球に生きているすべての女性に神の本質が宿っているのを知っているのであれば、どうして女性たちを信じないでいられるの、ウラジーミル。だから、みんながその美しさの限りに、すべてを解き放てばいい、解き放てばいいの。女神たちよ！　神の地球の女性たちよ、あなたの内に秘める神なる本質を解き放って。この大宇宙全体に、根源なる栄光の限りのあなた自身をみせて。あなたたちは完全なる創造物、神の夢から創造された。あなたたち一人ひとりが、この大宇宙のエネルギーを鎮《しず》める力を持っている。おお、女性たち、全大宇宙の、そして地上の女神たちよ！」

「アナスタシア、地球上の女性たちがみんな女神だなんて、いったいどうして断言できるんだ？　君があまりに純真で、俺には滑稽《こっけい》に思えてきたよ。あきれてものが言えない。みんなが女神だって？　ほら、出店や売店なんかの売り子だとか、掃除婦や皿洗い、ウエイトレス。家では台所で、煮たり焼いたり、来る日も来る日も皿をガチャガチャやっている、彼女たちも女神だって？　君は大体……自分で神を冒涜《ぼうとく》しているよ。麻薬中毒の女や売春婦を女神と呼ぶのか？　教会だとか……あとは舞踏会で綺麗に踊っている淑女であればわかるさ。『彼女は女神だ』なんて言われることもあるくらいだから。でも、みすぼらしい格好の女や、ぼろの流行らない格好をしている女を、絶対に誰も女神だなんて呼ばないね」

「ウラジーミル、現代の一連の生活事情が、地球の女神たちを一日中台所に立たせているの。あなたは私のことを獣の様だって言った。私の生活様式は原始的で、文明があるのはあなたたちが住んでいる場所だけだと断言した。そうであれば、なぜあなたの言う文明の中で、女性たちは狭い台所で人生の一部を費やしているの？　床を掃除せざるを得なくて、そしてお店から重い荷物を引きずって運んでいるの？　あなたはその文明を鼻にかけているけれど、なぜその文明にこんなにも汚いものがあるの？　そしてなぜ、あなたたちの最上の地上の美しい女神たちを掃除婦に変えているの？」

「君は女神の掃除婦をみたことがあるのか？　コンクールか何かで美に輝いていたり、豪華な衣装をまとっていたり、みんなそういう女と結婚したいんだ。でもそういう女が嫁ぐのは金持ちの男だけだ。貧乏男でさえ、みすぼらしい女は要らないのさ」

「一人ひとりの女性に、その人の美しさがある。ただ必ずしも自身を明らかにする機会が与えられているわけではない。その偉大な美しさは、例えばウエストみたいに測ったりすることはできない。脚の長さ、胸の大きさ、瞳の色は重要ではない。それは女性の内にあるもの。若い女の子にも、高齢の婦人にもあるもの」

「なんと、高齢の婦人にもとはね。なら年金生活の婆さんたちのことも教えてくれ。婆さんたちも、君の説では美しい女神だっていうのか？」

「彼女たちはそれぞれが独自に美しい。実生活において続いてきた辱《はずかし》めにもかかわらず、運命において訪れたあらゆる挫折にもかかわらず、おばあちゃんと呼ばれるようになった女性も、ある朝、自覚する。朝焼けの中で目覚め、朝露を歩き、気づきの光の中で日の出に微笑みかけ、そして……」

「そして、何？」

「不意に、誰かが彼女を愛さずにはいられなくなる。彼女自身が愛される者となり、彼に自分の愛の温もりを与える」

「彼って誰だ？」

「彼女の内なる女神を認識する、たった一人のひと」

「そんな人はいないよ」

「いる。お年寄りたちに聞いてみて。彼らの中に燃えるようなロマンスがどれほどあることか」

「それで君は、女性には世界を変える力があると確信しているんだな」

「ある！　疑いの余地なく、女性たちにはその力があるの、ウラジーミル。自身の愛の優先順位を変えて！　彼女たちは、完全なる神の創造物は、この地球に美しい原初の景色を取り戻す。全地球を神の夢みた花咲く園へと変える。彼女たちは神の創造物！　神の地球の美しい女神たち！」

# 三つの祈りのことば

「ほら、君は神について話すだろう、アナスタシア。でも君はどんなふうに祈るんだい？　それともまったく祈ったりはしないのかい？　多くの人が手紙でこのことを君に聞いて、書いてくれと言っているんだ」

「ウラジーミル、あなたが言ったその『祈る』ということばは、あなたにとって何を意味しているの？」

「何ってことはないだろう？　わからないかい？　祈るっていうのは……、祈ることだよ。君はこの言葉の意味がわからないのかい？」

「同じ言葉を人々は様々に理解するし、その言葉に様々な意味を感じ取る。私がよりわかりやすく話すために、私もあなたに訊ねたの。あなたは祈りのことばの意味をどのように理解している？」

「意味についてはなんだかあまり考えなかったな。それでもとても大事な祈りの言葉はひとつ暗唱できるし、時々それを唱えているよ。まあそれくらいだ。たくさんの人がそれを唱えているんだから、明らかにその文句には何か意味があるんだろう」

「まあ、お祈りを覚えたのに、意味を理解したいとは思わなかったの？」

「したいと思わなかった訳ではなく、単に、なんだか意味については深く考えなかったんだ。意味はみんながよくわかっていると思ったのさ、ならどうして深く考える必要がある？　祈りっていうものは、単に神との、その、会話だろう」

「でも、もしその大事なお祈りが神との会話のことを言うのであれば、教えて。意味なくしてどうやって神と、父と、話ができるの？」

「どうやってなんてわからないよ。実際、意味がどうしたっていうんだ！　多分、その文句を書いた人は知っているのさ」

「でも、あなただって自分から父に話ができたらと思ったんでしょう？」

「もちろんさ。誰だって自分から父に問いかけてみたいだろう」

「でも、他人の言葉を口にしながら、『自分から』問いかけることがどうしてできるの？　しかもその言葉に何が込められているかを考えもしないで」

初め私は、アナスタシアが、私が覚えた祈りの言葉の意味をしつこく拘《こだわ》ったことに少し苛立ちを覚えた。しかしその後、自分でも祈りの言葉に宿っている意味を定義することに興味が湧いてきた。なぜなら、なんだかおのずと〝どうしてこういうことになるのだろうか？　祈りの言葉を覚え何度もそれを繰り返してきたが、その言葉にどんな意味があるのかほとんど考えもしなかったなぁ。せっかく覚えたのだからそれを知るのも面白いだろう〟という考えが浮かんだからだ。

そして私はアナスタシアに言った。

「よしわかった、どうにか意味を考えてみよう」

アナスタシアは答えた。「なぜ『どうにか』なの？　あなたは今、ほらここで、その祈りのことばを放つことはできないの？」

「ああ、できないなんてことがあるものか。できるさ、もちろん」

「それじゃあウラジーミル、その祈りのことばを放ってみて。すべてのお祈りの中から、あなたがとても大事だと位置づけ、その力を借りて父と話しをしようとした祈りのことばを」

「俺が知っているのはそのひとつだけだ。それを覚えたのは、みんなが唱えていて、大事なものらしかったからさ」

「それでもいいわ。あなたの祈りを放ってみて。私はあなたの意識を追うから」

「わかった。聞いていてくれ」

私はアナスタシアに『主の祈り』を唱えた。読者も覚えているかもしれないが、以下のような言葉だ。

天《てん》に在《いま》す我等《われら》の父《ちち》や。
願《ねがはく》は爾《なんぢ》の名《な》は聖《せい》とせられ。
爾《なんぢ》の國《くに》は來《きた》り。
爾《なんぢ》の旨《むね》は天《てん》に行《おこな》はるるが如《ごと》く、
地《ち》にも行《おこな》はれん。
我《わ》が日用《にちよう》の糧《かて》を今日《こんにち》我等《われら》に與《あた》へ給《たま》へ。
我等《われら》に債《おひめ》ある者《もの》を我等《われら》免《ゆる》すが如《ごと》く、
我等《われら》の債《おひめ》を免《ゆる》し給《たま》へ。
我等《われら》を誘《いざなひ》に導《みちび》かず、
猶《なお》我等《われら》を凶悪《きょうあく》より救《すく》ひ給《たま》へ。
蓋《けだ》し國《くに》と權能《けんのう》と光榮《こうえい》は爾父《なんぢちち》と子《こ》と聖神《せいしん》に歸《き》す、
今《いま》も何時《いつ》も世々《よよ》に。
「アミン」。

（＊日本正教会の「天主経」より）

私は黙り、アナスタシアをみた。彼女は私をみるでもなく、頭をがっくりと垂れ、同じく黙った。そして私が堪えきれず問いかけるまで、黙って座ったまま悲しそうにしていた。

「どうして黙っているんだい、アナスタシア？」

彼女は頭を上げることなく、こう言った。

「私からどんな言葉を待っているの、ウラジーミル？」

「どんなって？　俺は今、つまることなくスラスラと祈りの言葉を唱えたんだ。気に入ったかい？　なんとか言ってくれたらいいのに、君が黙っているから」

「あなたが唱えている時、ウラジーミル、私はあなたの意識を、気持ちを、そして問いかけの意味、これらを意識で追いかけようとした。祈りのことばの意味は理解できる。でもあなたはすべての言葉の意味をわかっているわけではなかった。かろうじてかすかに意識が生まれては、途切れ、失われ、そしてそこには気持ちがまったくなかった。あなたはお祈りの中の多くの言葉が持つ意味を自覚しておらず、誰にも話しかけてはいなかった。あなたはただ、ぼそぼそ呟いていた」

「俺はただ、みんなと同じように唱えたのさ。教会に行ったことがあるが、あそこでは意味のわからない言葉がもっとたくさんあった。他の人たちが唱えるのを聞いたよ。ぶつぶつと早口で言葉を呟いていた、それだけさ。でも俺ははっきりと、ゆっくりと唱えたじゃないか。君にわかるように」

「でも、その前にあなたは言ったわ。『お祈りは神との会話だ』って」

「ああ、言ったよ」

「神は、私たちの父は、彼は人格そのもの。生きている実体なの。きちんとした対話が生まれたときに、感じることも理解することもできる。でもあなたは……」

「俺が何だ？　言ってるじゃないか。みんながこうやって唱えて、神に問いかけてるんだぞ」

「想像してみて、あなたの目の前にあなたの娘のポリーナがいて、突然あなたに一本調子で何かを話し始めた。フレーズの中に彼女自身にも意味のわからない言葉を組み込んで。彼女の父親であるあなたは、そんなふうに娘から話されたいと思う？」

私ははっきりとその状況を想像し、すぐになんだか気味が悪くなった。自分のすぐ目の前で、我が娘がぶつぶつ何かを呟いている。文字通り狂人じみていて、彼女自身も何が言いたいのかさえわからない。

私は心の中で決意した。〝いや、祈りの言葉の意味をしっかりと理解しなければいけないな。無意識に言葉を繰り返してはならない。さもないと、きっと俺は神様に狂人じみたうすのろと思われてしまう。どいつもこいつも、みんなああやって呟いていろ。俺は必ずその意味を理解してやる。はっきりわからない言葉は、どこかで翻訳をみつけてやる。それにしても、なぜ教会ではわからない言葉で話されているんだろう？〟

私は声に出して、アナスタシアに言った。

「そうだ、きっと翻訳が不完全で不正確なものだったんだろう。だから君が言ったように、俺の意識が失われたんだ」

「ウラジーミル、この翻訳でも意味は理解できる。もちろん、その中には現代の日常的な口語から消えてしまったものもあるけれど。それでもあなたにとって何が一番大切で、父にとって何が心地よいかを考えて判断したとき、その意味ははっきりする。あなたは、祈りのことばを放って神に何を問いかけたい？」

「まあそうだな、あの中で言われたようなことさ。多分、俺もそれを言いたいんだと思う。食糧を与え、罪や責務を赦し、そして誘惑をせず、悪魔から守ってくれたら。全部あの通りさ」

「ウラジーミル、神は、息子たち娘たちに、生まれる前からすべての食べ物を与えている。周りをみて、それらはずっと昔からあなたのために全部用意されている。愛してやまない親は、お願いされなくてもみんなの罪を赦《ゆる》していて、そして誰かを誘惑しようという思いなど持ったことはない。父は、一人ひとりに悪魔の賄賂《わいろ》に屈しない能力を与えているの。あなたは、ずっと昔から与えられていることに無知でいる。それでも父を侮辱《ぶじょく》するの？　あなたの周りはすべて、神からの永遠の恵みで満ちあふれている。愛し、すべてを我が子に捧げた慈しみ深い父は、これ以上何を与えることができると言うの？」

「もし、神が与え尽くしていないものがあるとすれば？」

「神が与え尽くしていないものなどない。自分の息子や娘たちにすべてを、はじめのときから与えている。すべてを！　残すことなく、くまなく全部を！　彼は親として、ひたすらに自分の子どもたちを愛し、子どもたちの、息子や娘たちの善なる歓びに満ちた暮らし以上に、どんな幸福をも考えてはいない！

　ウラジーミル、教えて、どう感じる？　はじめのときから我が子にすべてを与えた父は、目の前に立ち父に向かってひっきりなしに祈っている自分の子どもたちをみて、どんな感覚を味わう？『もっともっと、守ってください、助けてください。僕たちはみんな無力で、いと小さき者たちです』。お願い、答えて。ほら、あなたは親でしょ。あなたの友人でもいいけれど、そんな子どもたちをほしいと思う？」

「ここですぐには答えない。落ち着いて考えて自分で理解するよ」

「ええ、そう、もちろんよ、ウラジーミル。ただお願い、時間があるときに、あなたのお願い事以外に父があなたからどんな言葉を聞きたいのか、ということについて想ってみて」

「なんだって、神も俺たちから何かを望んでいるのか？　何を？」

「それは、みんなが自分の子どもの口から聞きたいと思っていることと同じ」

「教えてくれ、アナスタシア、君は祈りの中で神に話しかけることがあるのかい？」

「ええ、話しかける」彼女の答えが響きわたった。

「じゃあ、君の祈りの言葉を俺に聞かせてくれよ」

「それはできないわ、ウラジーミル。私の祈りは神へのものと定められているから」

「それなら神へでいいさ。俺は聞いているから」

　アナスタシアは立ち上がり両手を大きく広げ、私に背を向けた。そして最初の祈りの言葉を放った。それは普通の祈りの言葉だったが、しかし……私の内ですべてが急に強く震えだした。彼女はまるで祈りの言葉ではなく、私たちが話をするかのように唱えていた。彼女はそれを、人々が自分の親しい人や愛する人、親類たちに話しかけるかのように発していた。生き生きとした躍動する会話の抑揚《よくよう》が、彼女の祈りの言葉にはあった。情熱、歓び、歓喜の極み、そしてまるですぐそばにアナスタシアが熱烈に問いかけている相手がいるかのように。

私のお父さま、あなたは至るところに存在している！
はちきれんばかりの命の光に感謝します
そしてあなたの王国の実現をありがとう
あなたの愛の意志に感謝し、とこしえに地上に善が実現します

日々の糧《かて》をありがとう！
あなたの許しと忍耐に感謝します！
そしてあなたの地球への罪の赦《ゆる》しをありがとう
私のお父さま、あなたは至るところに存在している
私はあなたの創造の中の、あなたの娘
私は罪と弱さを自分に認めない

あなたの偉業に値する者となる
私のお父さま、あなたは至るところに存在している
私はあなたの歓びのための、あなたの娘
あなたの栄光を増大させる
来《きた》る時代は、みながあなたの夢の中に生きるでしょう
きっとそうなる！　私はそうしたい！　私はあなたの娘
私のお父さま、あなたは至るところに存在している

アナスタシアは黙った。すべてと、彼女は周りのすべてと交信を続けていた。彼女の周りが輝いているようにみえた。私の隣で彼女が祈りの言葉を放っていた時、突然目にみえない何かが生じた。そしてその目にみえないものは私にも触れた。体の外ではなく内側での、内面の接触だった。その後、私はとても心地よく、安らいだ気分になった。しかし、アナスタシアから離れるにつれてその状態は過ぎ去り、私はアナスタシアの背中に向けて言った。

「君は、まるで君の祈りに答えてくれる人がすぐ隣にいるかのように祈っていたね」

アナスタシアは私の方を振り返った。彼女の顔は歓びにあふれていた。彼女は両手を広げて、微笑みながらくるくると回り、そして真剣な眼差しで私の目をじっとみて言った。

「ウラジーミル、私たちの父なる神は、一人ひとりのために、私たちと同じように懇願《こんがん》し話している。一人ひとりの祈りに答えているの」

「しかし、それじゃあなぜ神の言葉は誰も理解ができないんだい？」

「言葉？　いろんな意味のたくさんの言葉が地上の民族にはある。まったく異なる言語も、方言も。そしてみんなのためのひとつの言語がある。みんなのための、神の呼びかけであるひとつの言語。その言語は木の葉がサラサラと立てる音、鳥たちの歌声や、波の音で織りあがっている。神のことばは、香りと色彩を持ち合わせている。神はこのことばを用いて、一人ひとりの祈りに、祈りの答えを返している」

「神が俺たちに何と言っているのか、言葉に訳すことはできないかい？」

「おおまかであれば」

「なぜおおまかなんだい？」

「私たちが使う言語は、神が私たちに話しかける言語よりもずっと貧しいの」

「まあ、いずれにせよ教えてくれ。できる限り」

アナスタシアは私をみつめて、さっと両手を前に伸ばした。そして声が……彼女の全身から声が響いた。


我が息子よ！　愛しい我が息子！

どれほど永い間待ち焦がれていることだろう
私は待っている
一分に一年を、一瞬に世紀を
私は待っている
おまえにすべてを与えた
地球はすべておまえのもの
おまえはすべてにおいて自由
自分で道を選ぶのだ
ただ、お願いだ、我が息子、愛しい我が息子
幸せであれ、それが願いだ
おまえは私をみることがない
おまえは私の声を聞くことがない
おまえの知性に疑問と寂しさがある
おまえは離れて行く、どこへ？
おまえは目指している、何を？
そしておまえは誰かに頭《こうべ》を垂《た》れる
私はおまえに手を伸ばす

我が息子、愛しい息子
幸せであれ、それが願いだ
おまえはまた離れていく
その道は、行先なき道
その道の途《と》に地球は破裂《はれつ》するだろう
おまえはすべてに自由、そして世界は破裂せんばかり
おまえの運命は破裂せんばかり
おまえは自由、しかし私は耐え忍ぶ
最後の草とともにおまえを復活させよう
そして再び世界は輝きを放つ
ただ、幸せであれ、それが願いだ
聖人たちの顔には厳格な悲しみが刻まれ
おまえを地獄や審判で脅《おど》す
おまえに言う、審判官を送ると
しかし私は祈るのみ
おまえとまた二人になれることを
私は信じている、おまえは戻ってくる

私は知っている、おまえはやってくる
私は再びおまえを抱きしめる
継父ではない！　義父《ぎふ》ではない！　私はおまえの真《まこと》の父！
私はおまえの歓びの父、おまえは私の血を分けた息子
愛しい息子よ
我ら、ともに幸せになろう！

アナスタシアが沈黙している間、私はすぐに我に返ることができなかった。まるで、あたりに響いているすべての調べを聞き続けるかのように。それとも血液が血管を異常なリズムと速度で駆け巡る音を聞いていたのかもしれない。何がわかったのか？　今日に至るまで、私自身それを理解できていない。

彼女は自分の情熱的な解釈で神の人間への祈りを綴った。言葉が正しかったかそうでなかったかなど、今となっては誰が言えるだろう？　また誰が説明できるだろう、なぜあの祈りはあれほど強く心をゆさぶるのかを？　そして私は今何をしているのか？　動揺を覚えながら紙にペンを走らせている。……ん、それとも無意識にか？　私は気が狂ってしまうのか？　私は彼女の言葉を、今バルド（＊古代ケルト族の吟遊詩人《ぎんゆうしじん》。その流れをくむ現代の詩人歌手たち。日本では『バード』として呼ばれることもある。ケルト族の師はドルイド僧と呼ばれ、バルドはその初段階にあたる。歌を通して

光と真実を人々に伝えていた。（二巻を参照）たちが彼女の名前で歌う言葉と合わせて編み直しているのか？　すべてがあり得る。もしかしたら、私の代わりに他の人が理解できるかもしれない。私はこれを書き終えたとき、理解を試みよう。私は再び書いている。そしてまるでまたそこに、森にいるような気がして、帳《とばり》を突き破るかのように、不意にタイガの祈りの言葉が響いてくることがある。そして疑問だ。私を苦しめる疑問、それは今でも私の心に頭をもたげる。日常生活の中で、ふと考え込むようなときに、映像として思い起こされるのだ。私はその問いに自分でも答えるのを恐れている。しかし自分の中に留めておくだけの力はもうない。もしかしたら誰かが納得できる答えを出してくれるのではないか?!

祈りの言葉！　これはアナスタシアの祈りの言葉！　ただの言葉に過ぎない！　タイガに住む、教育も受けていない、独特な考えと生活様式を持った、女世捨て人の言葉なのだ。単なる言葉に過ぎないのだ。しかしなぜかその都度、その言葉が聞こえてくる度に、本を書くこの手の血管を膨らませ、血が脈打つのを速める。脈打つのだ、一秒一秒を。何がよりよいものであるか、そしてこれからどう生きるのかを決定しなければならないその一秒を。善なる父に求めるのか、守れ、与えよ、捧げよと。それとも唐突に、確固たる姿勢で魂から宣言するのか、彼女のように。

私の父よ、あなたは至るところに存在している！
私は罪と弱さを自分に認めない

私はあなたの歓びのための、あなたの息子
　あなたの栄光を増大させる

どのような祈りの言葉が神にとってより心地よいだろう？　私は、そして我われすべての人々は共に何をすべきなのだろうか？　どのような道を歩むべきなのだろうか？

私の父よ、あなたは至るところに存在している！
私は罪と弱さを自分に認めない

しかし、この言葉を宣言する強さ、そしてこの宣言を実現させる強さを、どこから得たらいいのだろうか？　そして自分で言ったことを後に実現するためにも！

# アナスタシアの一族

「アナスタシア、教えてほしいんだが、どうして君や君の先祖たちは一般社会から離れた森の奥深くで幾千年もの間、暮らすようになったんだい？　もし君が断言するように、すべての人類が同一の有機体なのだとすれば、みんなが同一の起源をもつはずだ。するとなぜ君の一族はその中で、いわゆるはみ出し者なんだい？」

「その通り。すべての人に共通の親がある。そして、私たちが目でみる両親もいる。でも、一人ひとりの人間の運命には、その人独自の意志により、ある目的へと向かう道を選択する自由がある。その選択はとりわけ、感じる力の育成によって決まる」

「それじゃあ誰が、君の遠い先祖に、今に至るまで君の一族がこれほど他の人たちと異なるような教育をしたんだい？　生活様式とか、自分たちの概念だとか」

「はるか昔のこと……、はるか昔と言ったけれど、すべてがまるで昨日のことのよう。こう言った方がよりふさわしい。人間が共同で創造しなくなり、神の創造物たちを解き明かす道を目指す時代が訪れたとき。既に槍が飛び交い、献身的な獣たちの毛皮を身体にまとうことが品位あることだと考え始めた頃。みんなの意識が変わり、今へ繋がる道を突き進み始めた頃。人々の意識が創造ではなく知識を目指していた頃。人々が突然、男性と女性がひとつになり、より大きな満足感を味わうには、何を、どのようにしたらいいかを解き明かし始めた頃。そのとき初めて、創造のためではなく双方の快楽のために、男たちが女たちを選ぶようになり、女たちは男たちに自らを明け渡すようになった。

今生きている人々が考えるのと同じように、彼らもまた、目にみえる男と女の肉体の要素が合わされば、満足感はいつも起こるものと考えていた。

実際、肉体だけの結合で得られるのは、不完全なつかの間の満足感。人間というのはすべての次元を持った『私』のこと。でも、快感にしかすぎない行為には肉体の次元しか関わらない。人間は交わる肉体を替えたり、結合の方法を変えたり、完全に満ち足りた感覚を得るために試行錯誤するけれど、未だに完全なものを感じられないでいる。

肉体の快楽が生んだ悲しい結末が、彼らの子どもたち。彼らの子どもたちは神の夢を実現するという目的への希《き》求《きゅう》の意識が欠落している。そして女性たちは苦しみの中で子どもを産むようになった。苦悩の中で生きることを余儀なくされた青年期の子どもたちは、三つの次元を持っていないので、自らを幸せにすることが出来ない。そうして私たちは今日まで生きてきた。

苦しみの中で子どもを産むようになった最初の頃、一人の女性が、生まれたばかりの娘がお産の時に足を傷め、あまりにも弱々しく産声さえ上げないことを目にした。その女性は、彼女の肉体で快楽を味わった男が、子どもの誕生には無関心のままであり、もう他の女性に快楽を求め始めたのをみた。そしてその女性、偶然母親になってしまった女性は、神に対して憤慨《ふんがい》した。自分の生まれたばかりの女の子を乱暴につかむと、人里離れた森の茂みへと、人が住み着いていない森へと走った。絶望の中、呼吸を整えようと立ち止まっては、頬から涙をぬぐい、神に宛てて憎しみの言葉を何度も投げつけていた。

『なぜあんたの、あんたが考える美しい世界に、痛みが、憎しみが、拒絶があるの？ 私はあんたが創った世界で、これっぽっちも歓びを感じたことはない。私は絶望そのもの、憎しみに燃えている。私はみんなに捨てられた女。私が愛撫した男は、私を忘れて他の女に愛撫されている。彼らを創ったのもあんた。私を裏切り、だましたあの男はあんたのもの。あの男が今頃愛撫しているあの女もあんたのもの。あの人たちはあんたの創造物でしょう、そうでしょう？ じゃあ私は？ 私はあの人たちを絞め殺してやりたい。私はあの人たちへの恨みで燃えている。あんたの世界は、私には歓びのないものになった。あんたは私にどんな運命を選んでよこしたの？ そしてどうして私からは不具の、死にかかった子が生まれたの？ こんな子はみられたくもない。こんな子どもをみることに歓びはない』

その女性は、辛うじて生きているばかりの小さな塊《かたまり》を、自分の娘を、森の草の上に寝かせるのではなく乱暴に放り出していた。絶望と憎しみでひとしきり叫んだあと、再び神へ向けて言った。

『私の娘なぞ誰の目にも触れなければいい！　神よ、あんたはみているがいい！　あんたの創造物の間で起こる苦しみを。この子は生きられない。私はここから去る。私は産んだ子に乳を与えることができない。憎しみが私の胸にある乳を焼いてしまう。私はここから去る。でも、あんたはみているがいい！　あんたが創り出した世界にどれほどの不完全があるのかをしかとみるがいい。あんたの目の前で、誕生が死んでしまえばいい。あんたが創った創造物の中で、死んでしまえばいい！』

憎しみと絶望で、この母親は自分の娘のもとを走り去った。生まれたばかりの女の赤子、無力でやっと息をしているばかりの小さな塊は、たった一人森の草の上に残された。この小さな女の子に宿っていたのが、私の遠い昔のご先祖だったの、ウラジーミル。

神は、地球から立ちのぼる絶望と憎しみを感じた。神の中には悲しみとむせび泣く不幸な女への憐れみがあった。しかし、彼女を愛する目にみえない父は、彼女の運命を変えることはできなかった。絶望で走り去った女にも、同じく神によって授けられた自由の冠がある。人間は、一人ひとりが自分自身で、自分の運命を築き上げるもの。物質の次元は誰の支配も受けていない。唯一人間が全実権を持つ主なのだから。

神は人格。父はすべてに遍在するけれど、肉体としては存在しない。肉体としてではないけれど、この大宇宙に存在するすべてのエネルギーの複合が神にはあり、人間にあるすべての気持ちの複合も神にはある。神は歓ぶこともでき、また自分の息子や娘のうちの誰か一人でも苦しみの道を選ぶとき、心を痛めることも、悲しむこともできる。神は父親の優しさの炎ですべての人々のために明るく輝き、毎日、例外なく地球上のすべてを、太陽の愛の光で抱擁している。神は毎日、神の娘たちと息子たちが神の道を歩み始めるという、その希望を失うことはない。命令や恐れからではなく、自由を享受し、共同の創造への道を自ら意図することを。復活と、それをみる歓びへの道を、彼ら自身が決意することを。神は、私たちの父は、信じ、そして待っている。神は地上に命を与え、生かし続けている。人間の気持ちのすべての複合を父は持っているの。

誰か一人でも想像できるかしら。私たちの父、神が、彼の森で彼の創造物である生まれたばかりの子どもが静かに死んでいこうとしたとき、何を感じたかを？

この赤子は泣きも、わめきもしなかった。小さな心臓はリズムを落としていった。ただ時折、唇で温かい乳首を探していた。喉が渇いていたの。

神には肉体の手がない。すべてをみていながら、神は赤子を自分の胸に抱きしめることもできなかった。すべてのすべてを与えているのに、これ以上何が与えられよう？　そして全能の神、自身の夢のエネルギーで大宇宙全体を満たすことができる神は、その時森の上で、ひとつの小さな塊へと凝縮した。もし素早く広がったとしたら、大宇宙のあらゆる世界を粉々にするほどの力で。そして森の上空に自分の愛のエネルギーを集中させた、すべての創造物たちへの愛のエネルギーを。神は創造物たちを通じて、彼らの地上の行動の中で具現化した。そして創造物たちは……。

草に横たわる赤子の既に青くなった唇に、一粒の雨のしずくが触れた。そして同時に温かいそよ風が吹いた。木から花粉が落ち、そして赤子はそれを吸い込んだ。昼が過ぎ、また夜が訪れた。それでも赤子は死ななかった。森の生き物たち、獣たちみんなが、神の慈悲に抱かれたその赤子を、この乳飲み子を、自分たちの子だと受け入れた。

歳月が過ぎ、赤子は成長し娘になった。彼女をリリトと名づけることにしよう。

彼女が暁《あかつき》のかすかな光に照らされた草の上を晴れやかに歩くとき、すべてが歓喜に満ち満ちた声で叫んでいた。『リリト！』 リリトは微笑みながら、神が彼女の周りに創った世界を輝かせ、愛撫していた。リリトは周囲のすべてを、私たちにとっての母親や父親のように受け入れていた。

大人になると、彼女は頻繁に森のはずれまで近づくようになった。そしてその頻度は増していった。ひっそりと草や灌木《かんぼく》の茂みに隠れて、人々が彼女によく似ていることや、何か奇妙な生活を送っている様子を観察していた。彼らは神の創造からより離れ、家を建て、周囲のものを壊し、なんのためか獣の毛皮を着ていた。そして神の生き物を殺しながら感嘆し、より素早く殺した者を褒《ほ》め称《たた》えている。生気を失ったものからも何かを作り出していた。そのときまだリリトは、彼らが死んだ物を生きているものから作り出しながら、自分たちは賢いと考えていることを知らなかった。

彼女は人々のところに行って、何がすべての人々に歓びをもたらすのかを伝えたいと希求していた。彼女は、共同の創造、そしてそれをみる歓びを望んだ。彼女の中で、新しい、生命あふれる神の創造物を誕生させるという欲求が、だんだん大きくなっていった。

彼女は、自分の眼差しを一人の男性に頻繁に注ぐようになった。他の人たちの中で、彼はみすぼらしくみえた。槍は遠くへ投げられず、殺すことにあまり運がないようだった。もの思いにふけりがちで、よく静かに詩《うた》を歌っていた。一人になると、時折何か夢想にふけっていた。

あるとき、リリトは人々の前に現れた。森の恵みを集め、つるで編んだかごに入れ、人々の集まる方へ行ったが、そこでは人々が殺された仔象の周りに立ち、男たちが何か口論をしていた。彼女が選んだ彼もその中にいた。男たちは彼女の姿をみると黙り込んだ。リリトはとても美しかった。身体が露わな彼女は、男たちが既に肉体の欲望に支配されたのを知らず、気づかなかった。そして男たちが一斉に彼女に向かって突進してきた。彼女は森の恵みを草の上に置きながら、走ってくる男たちの瞳が肉欲に燃えているのをみた。そして、彼女が選んだ人もみんなの後を追って走っていた。

まだ少し距離があるところで、リリトは不意に、攻撃の波長が彼女の警戒心に触れるのを感じた。そして一歩あとずさりすると、突如向きを変え、近づいてくる戦士たちから一目散に走って逃げた。

男たちは欲望に燃え、長いこと彼女を追いかけていた。彼女は軽快に駆け疲れることがなかったが、追いかける戦士たちは汗だくだった。彼らは、リリトに触れられる運命にはなかった。美しいものに追い付くことを願った者たちは知らなかった、美しさと共鳴するためには自分自身の内に同じものを持っていなければならないことを。

戦士たちは走り疲れた。リリトを見失い、やって来た方へのろのろと戻り始め、道に迷った。しばらくして帰り道をみつけた。

一人だけ、森をさまよい続けている男がいた。疲れて倒木に座り、そして歌いだした。リリトは静かに隠れながら様子をうかがい、彼女が眼差しを注いだ彼が、そして他の男たちと一緒に彼女を追いかけていた彼が、歌うのを聴いていた。

彼女はとうとう彼の前に少し離れて姿を現した。彼らの野営地への道を示すために。彼は、彼女に向かって来ることもなく歩き出した。二人が森の境界までたどり着き、野営地の焚火をみた時、男はすべてを忘れたようにそちらへ駆け出した。リリトは走り去る意中の人をみていた。すると心臓が変に鼓動し、突然途切れがちにさえなった。彼女は心の中で繰り返し言っていた。〝幸せでいてね。みんなの中で幸せでいてね、私の愛しい人よ。ああ、あなたの詩《うた》を、悲しい詩《うた》ではなく幸せの詩《うた》を、ここで、私の森で聴きたくてたまらない〟

走っていた男は突然立ち止まり、もの思わしげに森を振り返り、そして野営地をひと目みたかと思うと再び森へと眼差しを戻した。彼は突然槍を投げ捨て、しっかりとした足取りで歩き出した。彼は、隠れていたリリトが立っていた場所に向かっていた。彼女の隠れているところを彼が通り過ぎた時、リリトは彼の後を追ってみていた。愛の眼差しが彼を立ち止らせたのかもしれない、彼は振り返ってリリトの方へ歩き出し、彼女の傍らに立った。彼女も逃げなかった。彼が差し出した手に、自分の手を、まだ怯える手のひらを委ねた。そして二人はともに手を取り合って歩き出した。まだお互いに一言も交わさないまま。リリトが育った草地へ、詩人、私の遠い先祖の父と母は歩いて行った。

歳月が過ぎ、一族は続いていった。私の先祖の各世代の中には、森の外側の人間たちが暮らしているところに行ってみたいという激しい想いに駆られる人が出てきた。外見的にはとても似ているけれど、でも異なった運命を有している人たちのところへ。彼らは様々な身なりをしてあちら側へ出て行った。戦士たちの中に紛れた人もいれば、神官たちに紛れた人、学者として世に出ようと志した人もいた。詩人として輝いた人もいた。彼らは人々みんなに伝えようとした。神に心を閉ざさず、せわしげな商業主義の勘定に流されず、父ではなく異なる本質たちを崇めなければ、人が幸せになるための異なった道がある。そしてすべてを創った存在はすぐ傍らにいることがわかる、と。

彼らはそれを語ろうと努力し、非業の死を遂げた。たとえ女性一人、または男性一人だけになったとしても、彼らは愛によって、他の生き方をしている人たちの中に互いをみつけ、一族は続いてきた。根源の意図と生き方を変えることなく」

# すべては感じるために

「アナスタシア、ちょっと待ってくれ」私はある考えに揺さぶられた。「君は、みんなが非業の死を遂げたと言ったよね。そしてそうやって長い間続いてきたと。すべての試みは成果がなく、人類はみんな、そのままの道を進み続けていると」

「ええ、私の先祖の母、父たちの努力は甲斐《かい》なく終わったわ」

「つまり、非業の死を遂げたということだね？」

「非業の死を遂げた。人々の中に入っていって伝えようとした人たちは」

「そうであれば、これが意味していることはただひとつだ。君も同じように非業の死を遂げるということだぞ。君も話をし始めたが、そこになんら希望を持っても仕方ないさ。今まで誰にも世界を、社会生活を変えることができなかったのであれば、いったい君はなぜ……？」

「どうして、死ぬと前もって決めなくてはならないの？　ウラジーミル、みて、ほら私は生き続けているじゃない。あなたが隣にいて、そして私たちの息子は成長している」

「しかし、どこからそんな自信が出てくるんだ？　君の先祖たちが誰も成し遂げられなかったのに、何が君に、君こそが勝利すると信じさせているんだい？　君は、彼らと同じようにただ話しているだけなのに」

「ただ話しているだけだと、あなたは思っているのね？　ときには私が話す言葉に注意して、深く考えてみて。それらは頭で理解するためのものではない。すべて既に語られてきた情報だけど、それらは読んだ多くの人々に強烈な思いを引き起こしている。それは、文が行間から多くのことを感じ取れるようになっているから。読者自身の魂の詩情が、言葉になっていない行間を埋めるの。そしてその後は神の真理を話すのは私ではなく、みんなが自分で開いていく。そういう人の数が増えている。今はもう神のみが持つ創造の夢の道から彼らをそらすことはできない。私の使命はまだ完遂《かんすい》していないけれど、多くの人々の魂の内で、神が待ち焦がれている欲求が既に現れている。それが一番大切なこと。

魂が夢の中で何かを希求したとき、信じて。それが必ず生きていく中で現実化する」

「じゃあ教えてくれ、なぜもっと早くそういった言葉で語られてこなかったんだい？」

「わからない。もしかすると、創造主が何か新しいエネルギーを放ったのかもしれない！　毎日自分の周りでみえているものについて、またはみえてはいるけれど、しかるべき意味を見出していないことについて、新しい方法で語るエネルギーを。そして、私の気持ちは嘘をつかない。私は今それをはっきり感じているの、神が再び神のすべてのエネルギーを急激に加速させていることを。夜明けが、全地球にやって来る。神の地球の娘たち息子たちは、生き方を知る、神の夢のエネルギーが創造した生き方を。そしてあなたと私は、それに直接関わることになる。でも大切なのは、大切なのは、彼ら！　行間に込められた意識、創造主のエネルギーが魂の調べのように人々に宿した意識、その意識を初めて感じることができた人たち。すべてが叶った！　すべてが起こった！　人々は既に意識の中で新しい世界を築き上げようと目指している」

「君はなんだか抽象的なことを言っているね、アナスタシア。もっと具体的に言ってくれないか、人々は何をしなければならないのか、どんな世界を、どうやって創るのか、みんなが幸せに暮らせる世界を」

「ウラジーミル、今はこれ以上具体的には言えない。地上にはかなりの数の教義や思想が、人間の生活にあった。そのうちの多くのものを人々は崇拝《すうはい》してきたけれど、でもそれらすべては無意味なもの。教義や思想が世界を力ずくで変えることはできない。その証明となるのは、ある一点だけ」

「わからない、どんな点だい？」

「大宇宙にある一点、すべてに限界が定められているところ。その一点は、すべての人類が今立っているところ。そしてあらゆることは、人類がどの方向へ次の一歩を踏み出すかに左右されている。このことが、教義や思想にはどんな意味もないことを物語っている。全人類は、創造のときから自身が抱く気持ちだけに惹かれて生きているの」

「待って、待ってくれ。俺が、なんだって？　俺が自分の人生でやったことは、全部頭で考えてやってきたつもりなのに、そうじゃないというのか？」

「ウラジーミル、あなたは他の人々と同じように、自分の思考で周りの物質の相関関係を変化させてきた。物質的な方法で、気持ちを味わうことを希求しながら。それは一人ひとりが直感的に知っている気持ち。一人ひとりが探していて、みつけることのできない気持ち」

「どんな気持ちなんだい？　みんな何を探している？　君は何のことを言っている？」

「あの当時、人々が最初に、まだ楽園に生きていたときに感じた気持ちのこと」

「それでなんだ、つまり、君が言いたいのは、俺が自分の思考で色んなことをこねくり回してきたのは、その楽園で生きていた人の気持ちを知るためだったということか？」

「でもウラジーミル、あなたも自分で考えてみて、なんのためにすべてのことをやってきたのか」

「『なんのため』って？　みんなと同じように、俺も自分の生活を、そして家族を食べさせて生活するためじゃないか。自分を他の人たちよりもマシだと感じるために」

「あなたは『感じるため』という言葉を使った」

「ああ、使ったよ」

「今ならわかるでしょう。『感じるため』に、すべての人々の行為がある」

「いやどうして『すべての……』なんだ。麻薬中毒の奴らのやることも、なんだ、その気持ちを探している行為だっていうのかい？」

「もちろんよ。みんなと同じように、彼らも自分たちの道でそれらの気持ちをみつけることを希求している。物質的肉体を拷問にかけながら、毒草を使う。一瞬だけ、せめてそれに近いその偉大な気持ちを知る助けを得られるように。

そして酒飲みは、すべてを忘れて、顔をしかめながら苦い毒を飲んでいる。それはひとえに、その美しい気持ちをみつけて、そこに生きたいがために。

そして学者たちは頭脳を酷使《こくし》して、奇妙きてれつな新しいシステムを発明し、そのシステムが彼や他のみんなが満足を感じる助けになっていると信じている。でも徒労に終わっている。

人類の歴史において、人間の意識はあまりにもたくさんの無意味なものを発明し尽してきた。ウラジーミル、あなたも思い出して、あなたが住んでいる所をたくさんの物が取り囲んでいる。そしてその一つひとつの物が科学的思考の成果だとみなされている。人々の膨大な苦労がその出現のために費やされている。でもね、教えてちょうだい、ウラジーミル。それらの中でどれがあなたを幸せにし、満たされた人生を感じさせたの？」

「どれが……？　どれ……？　ふむ、もしかしたら、個別にみれば、どれも違う。でもすべてのものを同時に持つことで生活はうんと楽になるよ。例えば、乗用車だ。ハンドルを握ればどこへだって行けるんだ。外で雨が降り寒くても、車の中なら暖房をつければいい。外が暑くてみんながら全身汗だくになるときは、エアコンをつければ自分の周りは涼しくなる。家の中でも、ほら、例えば台所では、女性のためにたくさんの装置がある。食洗機だってあるんだ、女性たちを労働から解放するためにね。掃除機だってある、掃除を楽にして時間を節約するために。たくさんの物が俺たちの生活を楽にしてくれるってことは、みんなわかりきったことさ」

「ああ、ウラジーミル、そういった物による軽減は錯覚《さっかく》なの。すべての人間はそれらの対価として、日々自分の人生を短くし、苦しまなくてはならなくなった。人々は、魂を宿さない物体を手に入れるために、好きでもない仕事に一生、奴隷のように従事しなければならない。周囲を取り囲む魂のない物が増えていくことは、人間の大宇宙における存在意味への無理解のレベルを表す尺度なの。

あなたは人間なのよ！　自分の周りを注意深くみてみて。一連の新しい機械や道具を手に入れるために、工場が建てられ、死をもたらす悪臭を放ち、水は死んでしまった。そしてあなたは……、人間は、それらのために、本当に必要ではない道具を手に入れるために、自分の一生を歓びが伴わない仕事に費やさなければならない。そして物があなたにではなく、あなたが物に仕えている。発明し、修理し、物にひれ伏している。それにウラジーミル、教えて、偉大な賢人と呼ばれる学者たちの中で誰が発明したかしら、どんな工場で作り出せたかしら？　ほら、この人間への奉仕を」

「どんな？」

「木の実を持ったリスよ、私の手の下にいる」

私はアナスタシアの手をみた。彼女は草から五〇センチほどの高さで、手のひらを下にして腕を伸ばしていた。そしてこの草の上、ちょうど彼女の手のひらの真下で、赤毛のリスが一匹、後ろ脚で立っていた。前脚でシベリア杉（＊学名 シベリアマツ）の松ぼっくりをひとつ抱えている。赤毛のかわいい顔は、松ぼっくりの方へ向いたり、上を見上げたりしており、リスの丸く輝いた瞳はアナスタシアの顔をみていた。アナスタシアは微笑んでこの小さな動物をみながら、動かずに手を宙ぶらりんのままにしていた。そしてリスは不意に松ぼっくりを草の上に置くと、何やら体で松ぼっくりを覆うように前脚の爪を使い、それをかじり、小さな種《たね》を取り出した。そして再び後ろ脚で立つと、かわいい顔を上げ、文字通り差し出したのだ。アナスタシアのために。まるで前脚から受け取ってくれと懇願するかのように。しかし、アナスタシアは依然として動かずに草の上に座っている。するとリスは小首をかしげ、素早く種の殻の一部をかじり取り、また前脚の爪で殻をきれいに剥いて、草の葉の上にその実を置いた。その後、リスはすべての種を松ぼっくりから取り出し、殻を噛んで剥ぎ取り、実だけを葉の上に並べた。アナスタシアは手を下ろし、手のひらを上に向けて草に置いた。するとリスはきれいに剥かれた木の実を手のひらへと、葉の上から急いで移していった。アナスタシアがもう一方の手で軽くそのふさふさした小さな生き物を撫でると、リスは突然動かなくなった。その後、アナスタシアの近くに走り寄って立ち上がった。なんだか嬉しそうに彼女の前で体を震わせ、彼女の顔をみつめながら。

「ありがとう！」リスに向けてアナスタシアは言った。「あなたは今日、本当にいい子ね、今までになかったくらいよ、美人さん、美人さん！　行きなさい、さあ行きなさい、お世話好きさん。いいヒトをみつけるのよ、美人さん、自分にふさわしい相手を」

そして、枝をいっぱいに広げた杉の幹へ手を伸ばした。突然、リスはピョンピョン跳ねながらアナスタシアの周りを二周走って回り、人間の手が差している方へ駆け出すと、木の幹を素早く登り杉の梢に消えて行った。私に差し出された手のひらには、殻が剥かれた杉の種の実がのっていた。

〝まさに！　これこそがシステム〟、私は思った。〝自ら食糧を採取し、自ら運び、さらに殻を剥く。動物たちは世話を必要としない、修理も、電気も必要としない〟

木の実を口にしながら、私は訊ねた。

「司令官たちは……、戦争を企てたマケドニアの軍司令官、皇帝、統治者たちは、ヒトラーもだ。彼らもまた、同じようにはじまりのときの気持ちを探していたのか？」

「もちろんよ。彼らは全世界の支配者であると感じたかった。無意識のうちに、その気持ちは誰もが直感的に探しているものと類似していると考えていた。でも彼らはそこで間違えていた」

「彼らは間違っていたと思うんだね？　なぜそう思うんだい？　だって、まだ誰も世界を征服できたことがないのに」

「でも彼らは都市や国を征服した。他の都市を求めて戦いが繰り広げられ、勝利を収めた。でも、その勝利から得られたのは、つかの間の満足だった。彼らはさらにより大きな征服地を求めて突き進み、戦争を続けた。国を征服し、一国では足らず、もっと多くの都市や国を征服したけれど、それでも歓びではなく、苦労とすべてを失う恐怖を得た。そして再び戦いの功績の道において満足を追い求めていた。彼らの思考は既にむなしい気苦労に汚され、もはや彼らを偉大な神の気持ちの夢へと導くことができなかった。地上の戦いの統治者たちの結末はすべて悲しいものだった。今日、公開されている歴史がこのことを知らしめている。ただ残念なのは、諸々の煩わしい日常の雑事や、礼拝や、重商業主義といったことが、今日生きている人々に判断することを許さない。どこに、何に、神の気持ちが宿っているのかを」

# タイガでのディナー

私がタイガのアナスタシアのもと、彼女の草地に行くときはいつも何かしら食べ物を持って行った。缶詰や、ビニール袋に密封されたクッキー、真空パックに入った薄切りの魚などである。そしてアナスタシアのもとから帰ってくる度に、これらの保存食が手つかずであることに気づくのだった。そして毎回、アナスタシアは私に手土産まで持たせた。主に木の実や葉っぱに包んだ新鮮なベリー類、干しキノコである。

私たちはキノコをしっかり煮たり焼いたり、酢漬けや塩漬けにして食べることに慣れている。アナスタシアはキノコを、乾燥させる以外は何も手を加えずに食べている。私は初めちょっと味見をするのさえ恐れていたが、後になって食べてみたところ、なんともなかった。キノコのかけらは口の中で唾液によって柔らかくなっていく。キャンディーのようになめていてもいいし、飲み込んでもいい。私はすぐに慣れてしまったくらいだ。あるとき、読者集会のために私はモスクワからゲレンジークへ向かっていた。そして一日中アナスタシアがくれたキノコを食べていたのだ。モスクワセンターの所長ソンツェフ氏も、車を運転しながらそのキノコを食べていた。また、私が集会で話をしたときに、会場の参加者に食べてみるよう勧めてみた。すると誰も怖がりはしなかった。試食をした人たちは、キノコをひとつずつ手に取りその場で食べてしまったのだが、誰も具合を悪くすることはなかった。

そもそも、私がアナスタシアのところにいる間、特にきちんと食事らしい食事をした記憶はまったくない。歩きながらアナスタシアが勧めるものを口にしていたが、空腹を感じることは一度たりともなかった。しかし、今回……。

おそらく私は、アナスタシアが放った祈りの言葉の意味について考えにふけり、気が付かなかったのだろう。アナスタシアがいつの間にか食事の用意を、言うなればご馳走の用意をしていたのだ。

草の上に、大小様々な葉っぱが並び、その上に多種多様な食べ物が盛られていた。それは一平方メートル以上の一面に広げられていて、すべてがとても美しく盛りつけられ、飾られていた。つるコケモモの実、コケモモの実、クラウドベリー、ラズベリー、黒スグリ、赤スグリ、干しイチゴ、干しキノコ、何か黄色っぽいペースト、小さなキュウリが三本と、小粒の真っ赤なトマトが二つ。本当にたくさんの多種にわたる草の束が花びらで飾られていて、何かミルクに似た白い液体が小さな木の器に入っている。何でできているのかわからないが、レピョーシカ（＊小麦粉をこねて作る膨らまないパンのようなもの）もある。蜂の巣に入ったままの蜂蜜には、カラフルな花粉の粒がふりかけられている。

「どうぞ座って、ウラジーミル。神が届けてくれた日々の糧を食べてみて」アナスタシアはいたずらっぽく微笑みながら勧めた。

「これはすごい！」私は感動を抑えきれなかった。「これはいったい……なんてきれいに盛り付けしたんだ。まったく、よくできた奥さんの祭りの日のご馳走だよ」

アナスタシアは褒められたことに大喜びし、子どものように噴出して笑い、自分の用意したご馳走から目を逸らすことができないでいたが、突然両手を打って叫んだ。

「あらあら私ったら、よくできた奥さんは、スパイスを忘れていたわ。あなたはスパイスが好きだったわね、ピリッと辛いのや色んなのが。好きでしょう？」

「好きだよ」

「よくできた奥さんはちょっと忘れていたわ。今すぐに用意するわね。大丈夫よ」

彼女は周囲を見回して少し走って行き、草の中で何かを摘んだ。その後違う場所で、そして灌木の茂みでも摘んだ。間もなくキュウリとトマトの間に、様々な草やハーブのようなものでできた小さなブーケの束を置いて説明した。

「これがスパイス。辛いわよ。もしよかったら食べてみて。これで全部揃った。全部少しずつ食べてみて、ウラジーミル」

私はキュウリを手に取り、タイガの食べ物の多様さをみて言った。

「パンがないのは残念だ」

「パンはあるわ」アナスタシアが答えた、「ほら、ここ」

そして私に根のようなものを手渡した。

「これはゴボウの根。これを美味しいパンやジャガイモ、ニンジンの代わりになるように作ったの」

「ゴボウを食べ物にするなんて聞いたことがないな」

「食べてみて。心配しないで、昔はみんなそれで色々な、美味しくて身体にいい料理を作っていたの。まずは食べてみて、ミルクに漬けて柔らかくしておいたから……」

どこでミルクを手に入れたのか聞いてみたかった。しかしキュウリの代わりを一口かじると……、何も言えなくなった。パンもなしにキュウリを味わっていた。パンの代わりという根っこは、アナスタシアの手から受け取ってはいたが、キュウリを食べ終わるまで手に持ったままだった。

理解してもらえるだろうか、この一見なんの変哲もない普通にみえるキュウリは、実際は味の質において私が以前に食べたことのあるものとは大きく違っていた。タイガのキュウリはとても心地よい、なんとも例え難い爽やかな香りがしていた。おそらくみなさんもご存じだろう、温室で育てられたキュウリと露地栽培《ろじさいばい》の畑のキュウリとでは、どれほど味の質と香りが異なることか。

露地栽培のキュウリの方が、味も香りも何倍も良いのだ。アナスタシアのキュウリも同様に、私がこれまで食べた畑で採れたどんなキュウリよりも強くて、今までに味わったことのない美味しさだった。私は素早くトマトを取り、そのまま丸ごと食べた。トマトの味も普通とは違い、なんとも良い味だった。こちらも、私がこれまで食べる機会があったどのトマトの味よりも秀でている。キュウリとトマトのどちらも、塩やサワークリーム、オイルも要らなかった。ラズベリーやリンゴ、そしてオレンジと同じように、それ自体が美味しいのだ。誰もリンゴや梨に砂糖や塩をかけて食べたりはしないではないか。

「この野菜はどこで採ってきたんだい？　アナスタシア、村へ行ってきたのか？　何て言う種類だ？」

「自分で育てたの。気に入った？」彼女は聞いた。

「気に入ったさ！　こんなの初めて食べたよ。じゃあ君は、つまり、畑を持っているんだね。温室かい？　君は何を使って土を耕すんだ、どこで肥料を手に入れる、村で？」

「村では、知り合いの女性から種をもらっただけ。草の中で場所を選んで、そして種が育った。トマトは秋に蒔いて、それから雪の下に埋めておいた。そしたら春になって成長しだしたの。キュウリは春に蒔いたのだけれど、この子たちも小さな実を間に合わせてくれた」

「しかし、なんでこんなに美味しいんだ？　何か新しい品種か？」

「これは普通の品種。畑でできたものと違うのは、成長するときに必要なものをすべて得ることができたから。畑の環境だと、植物同士が干渉し合わないように仕切られたり、肥料で成長を早められたりする。そうすると必要なものすべてを自分に取り込むことができなくて、植物は人が気に入ってくれるような、完全な自分にはなれないの」

「じゃあミルクはどこから？　それにこのレピョーシカは何で作ったんだい？　君は動物性のものは一切口にしないのかと思っていたけど、ミルクがある……」

「このミルクは動物性ではないの、ウラジーミル。あなたの目の前にそびえ立っているシベリア杉の木がくれたの」

「杉だって？　樹木がミルクを出すなんてことができるものかい？」

「できる。でもすべての樹木ができる訳ではない。例えばシベリア杉にはできる。飲んでみて、この飲み物には様々な栄養素が含まれているの。あなたの目の前の杉のミルクは肉体だけに栄養を与えるのではない。一気に飲み干さないで、二口か三口飲んでみて。でないとそれだけで満腹になってしまって、その後何も食べたくなくなってしまうから」

私は三口飲んだ。濃くてほのかに甘い、心地よく風味のある味だった。また、ミルクから温もりが出ている。しかしそれは温めた牛乳による温もりのようではなかった。よくわからない、優しい温もりが体内をすべて温め、そしてなんだか気分まで変えたような気がした。

「これ美味しいよ！　アナスタシア、とっても美味しい。これを採るにはどうやって杉の木の乳搾りをするんだい？」

「搾《しぼ》るのではなくて、杉の乳白色の実を特別な棒で、木のすり鉢の中で静かによくよくすりつぶすの。穏やかに、丁寧に、よい気分でね。そして生きた水を、泉の水を少しずつ加える。するとミルクが出来上がるの」

「なんだ、今まで誰もこのことを知らなかったのか？」

「昔はたくさんの人が知っていた。でも今はタイガの村の人たちが時々杉のミルクを飲んでいるくらい。街ではまったく違った食べ物が好まれるでしょう。身体に良いものというよりは、保存や輸送、調理方法がより便利なものが」

「君の言うとおりだ、都会ではすべてが速くないといけないからな。でもこのミルクは……、なんてことだ、このシベリア杉ってやつは！　一本のシベリア杉の木が、木の実も、オイルも、レピョーシカの粉も、そしてミルクまで与えてくれるなんて」

「それに、まだたくさんの必要なものをシベリア杉は与えてくれる」

「必要なものって、例えば？」

「最上の香水を、精油から作ることができるの。それだけで完全な、健康に良い香水。人工的なものはどれも、その芳香に勝るものはない。シベリア杉のエーテル体は、それ自体が大宇宙の叡《えい》智《ち》。身体を癒す力もあり、人に害を及ぼすものへのバリアとしての役目も果たすことが、シベリア杉のエーテル体にはできる」

「君はどうすればその香水を杉から作ることができるか、教えられるかい？」

「ええ、もちろん。でもウラジーミル、もう少し食べてね」

私はトマトを取ろうと手を伸ばしたが、アナスタシアが私を止めた。

「待って、ウラジーミル、そんなふうに食べないで」

「どんなふうに？」

「私は色んなものを、あなたのために用意したの。まず全部食べてみて、彼があなたを治癒してくれるように」

「『彼』って誰のこと？」

「あなたの身体のこと。すべてのものをくまなく食べれば、身体は自分で自分に必要なものを選ぶ。そうするとあなたは選ばれたものをもっと食べたくなる。何が自分に足りないかをあなたの身体は知っているの」

〝なんてことだ〟私は思った。〝彼女は初めて自分の信念を曲げた〟

というのは、アナスタシアは二回私の内臓の腫瘍《しゅよう》を癒してくれていた。どんな腫瘍だったのか正確にはわからないが、しかし私はそれを胃、肝臓、腎臓の強い痛みで感じていた。もしかしたら全部が一度に痛んだのかもしれない。痛みはあまりに激しく、痛み止めの薬さえ効かないときもあった。しかし私は、アナスタシアのところへ行けば、彼女が治してくれると知っていた。彼女なら素早く痛みを取り除いてくれると。しかし三回目のとき、彼女は癒すのを断った。彼女の眼差しで痛みを取り去ることもせずに、私が生活習慣を変え、病気を進行させている要因を取り除かない限り、治療することはできないと宣言した。この場合の治療は害を及ぼすだけであるからと。私はその時彼女に対してひどく腹を立て、それ以上治療の依頼をしなかった。

それでも街に戻ってからは、煙草を吸うのも少し減らし、酒も制限するようになった。何日か断食さえしたくらいだ。その後体調は良くなった。そしてその時考えた、〝私たちは必ずしも、毎回医者とか治療者のところに行く必要はない。痛みに追い詰められたとき、自分で痛みを手なずけることだってできるのだと〟。もちろん、追い詰められるようなことが無いに越したことはないのだが。結局、私は自分で完全に治すことはできなかった。さらに、もうアナスタシアに助けは求めまいと決めていた。しかし今、彼女の方から治療することに同意したということになる。

「君は、もう私の治療はしない、痛みもとらないって言っていたじゃないか」

「あなたの痛みはもう取らないわ。痛みは神と人との対話だもの。でも今のような形ならばいいの、私は食べ物をあなたに勧めているのだから。これは自然に反しない。でも、あれには反する」

「『あれ』って、何に?」

「人に対して害をもたらす日課を生み出すシステム」

「害をもたらす日課? 何のことだい?」

「あなたが、ウラジーミル、大多数の人々と同じように、決まった時間に食事をとっていること。とっても有害な日課よ」

「日課として食事をする人はいるかもしれない。だけど色んな食事療法があるんだ。痩せるためとか、太るためとか。でも俺は自分の食べたいように食べているよ。ダイエットや食事療法の本さえ一度も読んだことがないんだ。店に行き自分で気に入る食材を選んでいるんだ」

「あなたが選んでいるものは、店にあるものの中からだけでしょう」

「まあ、そうだな……、最近は店頭に並ぶ商品はすべて便利に小分けされてパッケージされている。競争が激しいから、みんな消費者が喜ぶように、全部消費者の便利さのためにやっているんだ」

「消費者の便利さのためになされていると考えているのね」

「ああ。それ以外の誰のためだと言うんだい？」

「ウラジーミル、人工的な生活システムは、常に自分たちの為だけに働いているの。何度も冷凍を繰り返したり、保存加工された食品や半分殺されてしまった水を得ることは、本当にあなたにとっての便利さかしら？　店に並んでいる食品は、本当にあなたの身体が決めたものなの？

技術優先の社会システムは、あなたの生存に不可欠なものを提供するという役割を獲得した。あなたはそれに賛同し、そのシステムを全面的に信頼した。さらに、提供されたものすべてがあなたにとって本当に必要なのか否かを深く考えることさえもやめてしまった」

「でも俺たちは生きている、その店のせいで死んだりなんかしていないよ」

「もちろん、あなたはまだ生きている。でも痛みは？　あなたの痛みはどこから生じているの？考えてみて、たくさんの人々の痛みはどこから来るの？　病気、痛みは人間にとって自然に反するもの、道を誤った結果。今にあなたは自分で確信するようになるわ。あなたの目の前に並べられているのは、人間のために神より創造された自然のほんのわずかな一部。すべてを少しずつ食べてみて。そして気に入ったものを持ち帰って。あなたが自分で選んだ小さな草たちがあなたの腫物に勝つには、三日間で十分だから」

私はアナスタシアが話している間、すべてを少しずつ食べてみた。いくつかの草の束は味のないものだったが、他のものは逆にもっと食べたくなった。後でアナスタシアは、私が出発する前にこのディナーで気に入ったものを私のバックパックに詰めてくれた。それを私は三日間食べた。するると痛みはすっかり消えた。

# 世界を変えるもの

「なぜかこうなるんだね、アナスタシア。君が自分の先祖の話をするとき、いつも女性たち、先祖の母親たちの話の方が多い。先祖の男性たち、父親たちについてはほとんど話さない。まるで父親たちは君たちの一族においてあまり重要ではなかったかのように。それとも、君の遺伝子コードや光線は、君に父親の系譜《けいふ》でみたり感じたりすることを許さないのか？　男性側、父親たちの立場としてはむっとするくらいだよ」

「私がそうしたいと思えば、昔に生きていた私の父親たちの行いは、ママチカ（＊ロシア語で「ママ」の愛称）たちの行いと同じように感じたりみたりすることができるわ。でも、父親たちの行いについては全部を理解できるわけではないの。今日のために、すべての人々と私のために、彼らの行いがどのような意味を持つかを判断できるわけではないの」

「俺に、一人でいいから父親のことを話してくれないか、君が最後まで理解できない、その人のしたことを。君は女だから、男のことを理解するのが難しいんだ。俺には比較的楽だろう、俺は男だからな。もし理解できたら、君が理解する助けになれるよ」

「ええ、ええ、もちろんよ。私のある父親の話をするわ。生きた実体を創り出す叡智を得た父のことを。父が創り出した実体は、今日や未来の兵器より強力なもの。人間の手によって作られたどんなものも、その前では持ち堪えられず、それは地上の世界を変えることができる。銀河を壊滅したり、異なる世界を創り出すこともできる」

「それはすごい！　それで、それは今どこにあるんだい？」

「地球のどの人間も、それを創り出す力を持っている。理解し、そして感じることができれば……。私の先祖の父は、エジプトの神官たちに秘密の一部を教えた。そして今、今日に至っても、地上の国々の権力者たちは、その神官たちから得た社会体制の仕組みで統治している。統治する意味や仕組みへの正しい理解はだんだん薄れていて、その仕組みは完全なものになっていない。それどころか時代を経て堕落《だらく》している」

「待って、待ってくれ。君の話では、つまり今の大統領たちは、大昔のエジプトの神官たちの社会体制やその仕組みの指示に従って国を治めているってことか？」

「それ以降、統治の構想の本質に関わるようなものをもたらした人は誰もいない。今日の地球上の国々は、人々の集団による統治の仕組みについて無知でいる」

「ただそれだけでは納得するのは難しいよ。順序立てて、全部話してみてくれないか」

「全部を順序立てて話してみる。あなたは理解するよう努めてみて」


何万年も前、世界がまだエジプトの偉大さを知る以前、まだそのような『国』というものが存在しなかった頃、人々の社会はたくさんの部族に分かれていた。ひとつの家族、私の先祖である父と母が、人間社会から離れて彼ら独自の決まりの中で暮らしていた。すべてのものが、はじまりのときと同じように、楽園と同じように、彼らの草地で彼らを取り巻いていた。美しい私の先祖のママチカには、二つの太陽があった。ひとつは、日の出の光でみなの生命を目覚めさせるもの。もうひとつは、彼女が選んだ人だった。

いつも彼女は一番に目覚め、川で水浴びし、昇る陽で温まり、歓びの光をすべてに与え、そして待っていた。彼女の愛する人が目を覚ますのを。彼が目覚めるとき、彼女が彼の最初の眼差しを捕えるのだった。二人の眼差しが交り合うとき、周りを取り巻くものたちは動きを止めた。愛とときめき、優しさと歓喜が満ちあふれ、恍惚の中、空間に吸い込まれていった。

一日は歓びの仕事の中で過ぎていった。先祖の父はいつも、もの思いがちに日没前の夕日が沈んでいく様を慈しむように眺め、そして歌っていた。

ママチカは密かに歓喜しながら、詩《うた》に耳を傾けていた。まだその頃彼女は、詩《うた》の中に織り込まれたことばによって、新しく特別なイメージが型どられることを何も理解していなかった。ママチカはそのイメージをもっと頻繁に聞きたいと思うようになり、そしてまるでその欲求を感じているかのように、父は歌っていた。毎回その特別な特徴がさらに際立つように描きながら。密やかに、そのイメージは彼らの間で息づくようになっていった。

ある朝目覚めると、先祖の父はいつものような愛の眼差しに出合わなかったけれど、彼は驚かなかった。落ち着いて起き上がり、森を歩き始めた。そして人目に付かない場所で、もの静かにしているママチカをみつけた。

彼女は独りで、杉の木に身体を寄せて立っていた。静かにしている彼女の肩を父は抱き寄せた。ママチカは濡れた眼差しを向けようとしなかった。彼は指でそっと頬を伝う涙に触れ、優しく彼女に言った。

「知っているよ。あのことを思っているのだね、私の愛する人よ。あのことを思っている、きみは悪くない。それは目にみえない、私によって創造されたイメージだ。目にはみえないが、それは私よりもきみにもっと愛されている。きみは悪くない、愛する人よ。私はここを去り、人々のところへ行く。今、私は美しいイメージを創造する方法を知ることができた。これを人々に伝えよう。私の知っていることを、他の人たちも知ることができるだろう。そして美しいイメージは、原初の園へと人々を導くだろう。この大宇宙で、命を宿すイメージの実体より強いものはないのだ。きみの私への愛にさえ、私が創造したイメージは勝ってしまったのだから。今や私は偉大なイメージを創造することができる。そしてそのイメージは人々に仕えるだろう」

ママチカは肩を震わせて、か細い声でささやいた。

「なぜなの？　あなた、私の愛する人よ、どうして私が愛してしまうイメージを創ってしまったの？　それは目にはみえない。けれど、目にみえるあなたは私の元から去ってしまう。私たちの子がもう私の中で動いているの。この子に何と言って父親のことを話したらいいの？」

「美しいイメージが、世界を美しいものに創造するだろう。私たちの育ちゆく息子は父親のイメージを思い描くだろう。もしも私が、息子の思い描くイメージに足る者になることができれば、息子は私を知るだろう。彼が思い描くものに足る者にならない限りは、私は離れたままでいる。美しいもの、彼自身の夢を目指すことの邪魔をしないために」

先祖のママチカには理解されないまま、彼は、私の先祖の父は去った。彼は行った、人々の暮らしの中に。偉大なる開眼とともに。未来のすべて、息子や娘のために歩み、すべての人々にとって美しい世界を創造することを目指しながら。

# 特別な力

その頃地上では、部族同士が敵対していた。そして各部族がより多くの戦士を育てることに躍《やっ》起《き》になっていた。そして戦士の中では、農耕や詩文に耽《ふけ》る者はみっともないとみなされていた。各部族には神官がいた。彼らは人々を脅したいと欲していた。しかし明確な目的は持っておらず、脅すこと自体が彼らの慰めとなっていた。そして神官たちそれぞれが、まるで自分が神から人よりも多く授かっているかのような思いで自尊心を満足させていた。

私の先祖の父は、いくつかの部族から詩人や神官たちを集めることができた。全員で十九人、十一人の詩人歌手《うたいて》と七人の神官、そして私の父。人里離れた砂漠のようなところにみんなが集まった。

歌い手たちは控えめに座っており、神官たちは尊大に一人ずつ座していた。私の先祖が彼らに言った。

「部族の対立と戦いを止めることができる。民は統一された国で暮らすようになるのだ。その国の統率者は公正な者で、すべての家庭が戦争の不幸から抜け出すことができる。人々は互いに助け合うようになる。人々の共同体は、原初の園への道をみつけるだろう」

しかし、彼のことを初め神官たちは嘲笑《あざわら》い、彼に言った。

「自分の権力をすすんで他人にくれてやる者などいるものか⁉　すべての部族をひとつに束ねるには、最も強い者とならねばならず、他の部族に勝たなければならないというのに、お前はいかなる戦いもせずこれを行いたいと言う。お前の話は幼稚なものだ。なんのために我々を呼び集めたのだ？　もののわからぬさすらい人よ」

そして神官たちはその場を去ろうとした。父は、次のような言葉で彼らを引き止めた。

「人々の社会に法を作るためにあなた方の叡智が、あなた方神官が必要なのだ。私はその力を、あなた方一人ずつに与えることができる。人間の手で作られたどんな武器も抗《あらが》うことのできない力を。善のためにその力を使うとき、その力はみんなが目的へ、真理へ、幸福の高みへたどり着くための助けとなる。その力を持つ者が、善良でない目論見《もくろみ》のために人々と闘おうとするとき、自身が死を遂げる」

特別な力の話は神官たちを立ち止らせた。年長の神官が父に提案した。

「お前がその特別な力を知り得ているのであれば、我々に聞かせよ。その力に実際に国を造る力があるのなら、我らの中に残り、その国に生きよ。我らで共に社会の法を作ろうではないか」

「私はそのためにあなた方の所へ来たのだ、特別な力のことを話すために」父はみんなに答えた。「しかしその前に、あなた方に、あなた方が知る人の中から統治者を挙げてほしい。善良で、欲張りでなく、自身の家族との愛の中で生き、戦争を考えない統治者を」

一人の年老いた神官が父に答えて、すべての会戦を回避している統治者が一人いると言った。しかし、彼の部族は人数が少なく、戦士を褒め讃えようとはしない。それゆえにその部族では戦士になろうとする者が少ないのだった。会戦を避けるために、彼らは頻繁に住処《すみか》を転々とし、遊牧をせねばならず、生活に適した場所を他の部族に残し、農耕に適さない土地に住み着かなければならなかった。その統率者はエジプトと呼ばれている。

「その国はエジプトと呼ばれるだろう」父が言った。「三つの詩《うた》をあなた方に歌おう。あらゆる部族の詩人歌手《うたいて》のみなよ、この詩《うた》を民に歌い聞かせてほしい。そしてあなた方神官は、エジプトの人々の中に移り住むのだ。あなた方の所へあらゆるところから家族が訪れるだろう、彼らをあなた方の善良なる法で迎えるのだ」

父は三つの詩《うた》を集まった者たちに歌った。ひとつの詩《うた》の中で彼は公正な統治者のイメージを創造し、彼をエジプトと名づけた。もうひとつは幸福な人々が共に暮らす社会のイメージだった。そして三つ目の詩《うた》には温かい愛に満ちた家族のイメージ、幸せな子どもたち、父親、母親があり、それらすべての人々が彼らの特別な国で暮らしている様子を描き出した。

これらの三つの詩《うた》は、普通の、すべての人々が慣れ親しんでいる言葉で歌われていた。詩《うた》のことばによって、聞いている者が息をひそめて聞き入るようにフレーズが組み立てられていた。さらに父の歌声を通して詩《うた》の調べが響きわたった。メロディーが呼び、惹きつけ、魅了し、命を宿したイメージを創り出したのだった。

現実にはエジプトという国はまだ実在しておらず、神殿も立ち並んではいなかったけれど、父は知っていた。人が意識をし、夢を描き、それがひとつに合わさり、求めることにより、すべてが現実となることを。そして私たちの偉大なる創造主によって、一人ひとりにその不思議な力が与えられていることを知り尽くした父は、全霊を込めて歌った。その力を持つ父は歌った、その力が人間をすべてのものと区別し、その力がすべてのものに対しての権限を人間に与え、その力が人を神の子そして創造者と言わしめることを。

詩人歌手《うたいて》たちはインスピレーションに燃え、その三つの詩《うた》をあらゆる部族の中で歌った。美しいイメージは人々を惹きつけ、そして人々はあらゆる所からエジプト族の所へと歩いた。

五年の間に、小さな部族だったものからエジプトの国が生まれた。他の部族より偉大だとされてきた残りの部族は、いとも簡単に崩壊《ほうかい》してしまった。そして好戦的な統治者たちは、その崩壊の前に何もすることはできなかった。彼らの権力は衰え、そして消えていった。何かが彼らに勝利していたのだが、それは戦争による勝利ではなかった。

実体において戦うことに慣れていた人たちは知らなかった。人々の魂が好むイメージが、心を捉えるイメージが、何よりも強いものであるということを。

例えたったひとつのイメージであっても、それが誠実で、計算高さのない、曇りなきものであれば、イメージの前では槍や他の殺人兵器で武装した地上の軍隊は役に立たないものであり、敗北する。イメージの前では軍隊は無力なもの。

エジプトの国は強固になり、拡大していった。神官たちはその統治者をファラオと名づけた。世間の雑事から離れ神殿に隠居《いんきょ》した神官たちが法を作り、統治者であるファラオはそれに従わなければならなかった。そして平民たちはみんなが望んで法を遵守《じゅんしゅ》した。そしてみんながそのイメージに等しい生活を送ることを目指した。

主神殿の中で最高神官たちと私の父は住んでいた。十九年間神官たちは彼に耳を傾けていた。すべての学問のうちの最高の学問である、偉大なイメージを創り出す方法を希求した。私の父は善良な意図に燃えながら、誠実に話し聞かせることに努めていた。神官たちがすべての技術またはその一部を知ったのかは、今となってはわからない。確認するのも意味のないこと。

十九年後のある日のこと、最高神官が自分の側近の神官たちを集めた。彼らはファラオにさえ出入りが許されていない主神殿に厳粛《げんしゅく》に入って来た。

最高神官は玉座に座し、他の神官たちは低い所に座った。父は神官たちの中に微笑んで座っていた。全意識は瞑想の中に入っていて、これまでのように詩《うた》を紡いでいた。新しいイメージを描いていたのか、古いものを強固にしていたのか。

最高神官は集まった者たちに言った。

「我らは最高の学問を知った。これは全世界を治めることを可能にするものだ。しかし我らの権力が永遠にみなの上にあらんために、この学問の知識をこの壁の外へは微塵《みじん》も出してはならぬ。我らだけが話し理解できる言語を作り、我らの間ではその言語で話すことが必要なのだ。我らの中のどの者も、不意に話してしまうことさえできないように。

多くの教義や思想を、何世紀にもわたり多くの言語で民衆に放つのだ。人々を驚かせ、我らが何を述べているかを考えさせよう。そして多くの驚異的な学問と様々な発見を述べるのだ。平民たちや統治者たちを、最も重要なことから徐々に遠ざけるために。未来の博学な者たちには、理解しがたい思想や学問で驚嘆させておけばよい。それにより彼ら自らが最も重要なことから離れていき、他の者たちをも一緒に遠くへ連れ去っていくのだ」

「そのようにしよう」最高神官にみんなが賛同した。父一人だけが黙っていた。

そして最高神官は続けた。

「もうひとつの問題を、我らは早急に解決しなければならない。十九年間、我らはイメージが創られる方法を究めてきた。今や我ら全員がイメージを創造することができる。世界を変え、国を破壊し、または強固にするイメージを。しかしながら、やはりまだ謎が残っている。この中で、なぜイメージの力において、一人ずつが異なっているのかを答えられる者があるか？　そしてなぜ時間において、創造にこれほど長くかかるのかを？」

神官たちは黙っていた。誰も答えを知る者はいなかった。最高神官は続けた、ほんの少し声を張り上げて。そして最高神官がみんなに向け話している間、彼の手の錫杖《しゃくじょう》は緊張に震えていた。

「ところが、我らの中に一人、たちどころにイメージを創造することのできる者がいる。そしてそのイメージの力は比類ないものだ。我々は彼に十九年間教えられてはいるものの、最後まで教えられてはいない。我々が平等ではないということを、我らは今理解しなければならない。誰がどの地位であるかは問題ではない。我らの中に一人、密かにみえぬ方法でみなを支配しかねない者がいるということを、みなが知るべきである。彼はイメージの力で自在に創造し、誰をも賛美し、または殺すこともできる。一人で国の運命を決定することもできるのだ。私は最高神官であり、私に与えられた権力を行使し、力の関係を変えることができる。我らが今座っている神殿の扉は閉められた。外では信頼に足る護衛が、私の命令なしには誰にも扉を開けぬよう立っている」

最高神官は玉座から立ち上がり、ゆっくりと床の石板を錫杖で鳴らしながら踏み出し、父の方へ歩き、広間の中央で突然立ち止ると、父に目を向けて言った。

「今、お前は二つの道から選ぶのだ。まずひとつ。今、みなにお前のイメージの力の秘密を明かすのだ、どのようにそして何によって創り出されるのか。そうすればお前を私に次ぐ第二神官に命名し、私が退くときに最高神官とすることを宣言しよう。お前の前では生きる者すべてがひれ伏すだろう。しかし、もしもその秘密を我らに明かさないのであれば、お前にあるのは二つ目の道だ。その道は、この扉だけにつながっている」

神官は扉を指さした。広間から、窓も外への出口もない塔へと続く扉だった。滑らかな壁面を持つ高い塔の上には展望台があり、そこで一年に一度の定められた日に、集まった民を前に父や他の神官が詩《うた》を歌っていた。

最高神官は父にその塔へと続く扉を指しながら、付け加えた。

「お前がこの扉をくぐれば、二度とそこから出られはしない。私はこの扉を塞ぐ命令を下し、小さな窓だけを残すようにさせる。そこからお前は日々最低限の食物を得るのだ。ときが来て民が塔の前に集まるとき、お前は展望台に出て彼らに姿をみせる。しかし歌ってはならない、イメージを創ってはならない。お前が出るのは、民がお前の姿をみないことにより不安を抱かないようにするためで、そしてお前が消えたなどという曲解が起きぬためだ。お前ができることは民を言葉で歓迎するだけである。お前が敢えてひとつでも創造の詩《うた》を歌えば、三日間食べ物と水を絶つ。二つの詩《うた》を歌えば、六日間食べ物も水も受けることはできない、すなわち自ら死を示すことになる。さて、決めるがよい。道は二つ。どの道を選択するかはお前が決めることだ」

父は落ち着いて自分の座っているところから立ち上がった。彼の顔には、恐怖も非難もなかった。ただほんの少しだけ、悲しみが小さなしわにうっすらと見て取れた。彼は同じ列に座る神官たちの間を通り過ぎながら、一人ひとりの目をみた。そして一人ひとりの目の中に、知識への渇《かつ》望《ぼう》をみた。知識、しかし彼らの瞳の奥には強欲もあった。父は最高神官のすぐ前に詰め寄り、彼の目をみつめた。

白髪の神官は、その厳しく強欲に燃えた目を父の眼差しからそらすことなく、錫杖で石板を打ち、厳しい口調で父の顔に向かって唾を飛ばしながら繰り返した。

「早く決めぬか、二つの道のうちどちらの未来を選ぶのだ」

父は怖れることなく、穏やかに答えた。

「運命の意志に従い、私にひとつ半の道を選ばせてはもらえないだろうか」

「ひとつ半とはどういうことだ?」神官は叫んだ。「お前は私を嘲笑おうというのか、今この主神殿にいる全員を?!」

父は扉の方へ、塔へ続く扉の方へ近づき、そして振り返ってみんなに答えた。

「信じてほしい。あなた方を侮辱して笑うなどという思いすら私には浮かばなかった。あなた方の意志に従い、私は永遠にあの塔の中へと去る。去る前にあなた方に秘密を明かそう、私ができる、知っている限りを。私の答えは二つ目の道にはならない。だからこそ、私が選んだのはひとつ半の道であるのだ」

「ならばさっさと言え! 引き延ばすな」その場から立ち上がった神官たちの声が、丸天井の下で響いた。「秘密はどこだ?」

「それは卵の中だ」答えはゆったりと響きわたった。

「卵の中だと? どんな卵か? 何のことを言っている? 説明せよ」集まった者たちが口々に問いかけ、彼はそれらに答えを与えた。

「鶏の卵は鶏のひなになる。アヒルの卵はアヒルの子を生む。鷲の卵は世に鷲をもたらす。あなた方が自分を何者だと感じるか、それがあなた方から生まれる」

「私は感じる！　私は創造者である！」最高神官が突然大声で叫んだ。「教えよ、誰よりも強いイメージを創るにはどうするのか？」

「あなたは嘘を口にした」父は神官に答えた、「自分の言ったことを自分で信じていない」

「どうしてお前にわかり得よう、私の信念がどれほど強いかを？」

「創造者は決して求めることはない。創造者は自分で与えることができるのだ。求めているあなたは、すなわち不信の殻の中にある……」

父は去った。後ろで扉が閉まった。その後、最高神官の命令に従い入口は塞がれた。小さな穴から、一日一回食べ物が父に与えられた。その量はわずかなもので、水が十分に与えられるのも毎回ではなかった。一方、新しい詩《うた》と説話を聞くために、塔の前に民衆が集まる日が近づくと、三日間父には食べ物が与えられず、水だけが与えられた。最高神官が当初の命令を変えて、そのように命令していた。父を弱らせ、新しい創造の詩《うた》を集まった民のために歌えなくするために。

多くの民が塔の前に集まったとき、父は民の方へと展望台に出た。彼は待ちわびた群衆を朗らかに微笑んでみていた。人々に自分の運命のことは一言も語ることなく、ただ、歌いだした。詩《うた》は歓喜にあふれた声で広がり、特別なイメージを型どった。集まった民は彼の声に耳を傾けた。詩《うた》が終わると、父はすぐに新しい詩《うた》を歌い始めた。

塔の上に立った歌い手は一日中歌った。日没に近づくと、彼は聴衆に言った。

「新しい日の出とともに、あなた方には新しい詩《うた》が聞こえるだろう」

そして集まった人々のために父は二日目も歌った。牢の中の歌い手が、神官たちから水さえももらっていないことを、民は知る由もなかった。


アナスタシアの遠い先祖の話を聞き、私は彼が歌っていた詩《うた》のほんのひとつでもいいから聞きたいという気持ちになり、訊ねた。

「アナスタシア、君がこうやって、自分の先祖の生涯のすべてのエピソードを細部にわたって再現することができるのなら、つまり君は、君の先祖が塔から人々に歌った詩《うた》を歌うことができるっていうことかい？」

「私にはすべての詩《うた》が聞こえる。でも正確に訳すことは不可能なの。足りない言葉がたくさんある。それにたくさんの言葉が、今では異なる意味を持っている。さらに、その頃響いた詩情のリズムを、現代の言葉で再現するのが難しい」

「ああ残念だな、その詩《うた》を聞いてみたかったのに」

「ウラジーミル、あなたは聞くことになる。詩《うた》は甦《よみがえ》る」

「甦るって？　君はさっき、訳すのは不可能だって言ったじゃないか」

「正確に訳すことはできない。でも新しい詩《うた》を創ることはできる、同じ魂と同じ意味をもつ詩《うた》を。

バルドたちがその詩《うた》をまさに今、創っている、みんなが今慣れ親しんでいる言葉を使って。ひとつだけ、私の父が歌った最後の一曲を、あなたは既に聞いている」

「俺が聞いた？　いつ、どこで？」

「あなたにエゴリエフスクのバルドが送ってきたでしょう」

「彼はたくさん送ってきたが……」

「ええ、たくさん。その中のひとつがとってもよく似ている、あの最後の詩《うた》に……」

「しかしどうしてそんな詩《うた》を創ることができたんだろう？」

「時間は互いに連続性をもっている」

「それでいったいどんな詩《うた》だい、どんな言葉が使われているんだい？」

「もうすぐわかる。全部順序立てて話をするわ」

# 父親たちが理解するとき……

　三日目の日の出とともに、父は再び展望台へ出た。彼は微笑んで、群衆を眺めていた。その目は群衆の中に誰かを探していた。放浪の歌い手たちが、彼に挨拶をするように手を振り、自分の楽器を持ち上げてみせた。歌い手たちのインスピレーションを受けた手の下で、楽器の弦は震えた。

　父は民に微笑みながら、依然として注意深く群衆に目を走らせた。父は彼の息子に会いたかった。彼の最愛のひとによって十九年前に森で生まれた彼の息子を、一目みたかった。

　突然、群衆の中から彼に向けてよく響く若い声が届いた。

「教えてほしい、偉大なる詩人そして歌い手である方よ。あなたは我われみんなの上、高い所に立っている。私はここ、下にいる。でもなぜ私には、あなたがまるで近くにいるような、まるで私の父であるかのような気がするのか？」

　そして二人の会話をみんなが聞いていた。

「どうした、若者よ、自分の父を知らぬのか？」歌い手は高い塔から問うた。

「私は十九歳で、父親は一度もみたことがない。私は母と二人だけで森で暮らしている。父は私の誕生の前に去ってしまった」

「若者よ、先ず教えてくれ。初め、おまえには周りの世界がどのように映ったのか？」

「一日が明けゆくとき、そして暮れゆくとき、この世は美しい。それは奇跡にあふれ、変化に富む。しかし人々は地上の美を壊し、互いに苦しみをもたらしている」

　高い塔から声が答えた。

「おまえの父親がおまえたちの元から去ったのは、もしかすると、おまえに対し世界を、おまえの父親がおまえを導いた世界を、恥ずかしく思ったからかも知れぬ。おまえの父親はおまえのために世界中を美しいものにするために、去ったのかも知れぬ」

「どうしたことだ、私の父親は自分一人で世界を創りかえることができると信じていたのか？」

「すべての父親たちが理解する日が来る。彼らの子どもらが生きる世界に対して、まさに彼らが、その世界に対して責任を担うことを。一人ひとりが意識する日が来る。愛する我が子をこの世に導く前に、世界を幸福なものにしなければならないと。そしておまえは、世界について考えなければならない。おまえの子どもが生きるであろう世界について。若者よ、教えてくれ。おまえの選んだ女性はいつ子を産むのだ?」

「私には森に選んだ相手はいない。森の世界は美しい、そして私には多くの友がいる。しかし、私はまだ、私の世界について来たいと言う女性に出会っていない。そして私はその世界を手放すことはできない」

「そうか、ならばまだ自分の選んだ美しい女性をみぬままでもよい。その代わり、おまえには未来の我が子のために、世界を少しでも歓びあふれるものにするための時間があるのだ」

「それを目指そう、私の父がそうであったように」

「おまえはもう若者ではない。おまえには勇者の、未来の詩人そして歌い手の血が流れているのだ。おまえの素晴らしい世界について、人々に語ってくれ。私と共に歌おう。二人で歌おう、未来の素晴らしい世界のことを」

「あなたの声が響くとき、誰が歌うことができましょう? 偉大な詩人そして歌い手よ」

「私を信じるのだ、若者よ、おまえも同じように歌うことができる。私が初めの一節を、二節目はおまえが。ただ堂々と、合わせて歌うのだ、詩人よ」

父は高い塔から歌いだした。集まった群衆の頭上で、突き抜けるような声がこだまし、歓喜にあふれながら一節を紡いだ。


我は立ち上がる、日の出の微笑みに……

すると下に立っている群衆の中から、突然清らかなよく響く声が、まだ臆しながら続けた。

我は歩く、鳥たちの歌の中に……

そして父の節の後を追って息子の節が響いた。また時には歌声がひとつに溶け合い、高らかな歓びに満ちた歌声が鳴り響いた。

この日は決して終わりを知らず
我が愛はただ強まるばかり

詩《うた》とひとつになった若者は、内からつき上げる想いに恍惚としながら、堂々と続けた。

足どり軽く太陽の道を
我は行き着く、父の森へ
小道はみえるが、もはや脚を覚えず
幸福なるかな、道に終わりはみえず

すべては我が記憶にありし
空、木々、花たち
ただ眼差しが憂《うれ》いと侮辱の只中に
ああ今や、汝《なんじ》がすべてに満ちあふれたり！
すべて変わらぬ、星や鳥たち
ただ眼差しが変わりゆくのみ
今、悲しみは消え去りぬ
怒りの術《すべ》を我は知り得ず
人々よ、我はみなを愛す者なり！

塔の上の歌い手の声は次第に小さくなっていき、まもなく塔からの声は止んだ。塔の上の歌い手は少しよろめいたが、耐え、人々に微笑んだ。そして最後まで、息子の声が次第に強まっていく様子に耳を傾けていた！　下に立っている我が息子、歌い手の声に。

その詩《うた》が終わったとき、塔の展望台に立っていた父は別れを告げながら人々に手を振った。人々の目からみえなくなるよう、下方への五段の階段を降りた。衰弱し意識を失いながら、あらん限りの聴力を使って。そして聴こえた、そよ風が運んだ言葉が。息子に、若い歌い手に、若く美しい娘が熱烈にささやいた言葉が。『どうか、若い人よ、どうか……私はあなたに付いて行きます。あなたと一緒にあなたの美しい世界へ……』
閉ざされた塔の石段の上で、意識を失い、微笑みながら父は死んでいった。最期の吐息とともに、唇がささやいた。『一族は続く。幸せな子どもたちに囲まれて、どうか幸せであれ、愛する妻よ』
先祖の母は、心で彼の言葉を聴いた。
その後、私の二人の先祖の父親たちが歌ったことばを、詩人たちは何千年にもわたり繰り返し歌い続けてきた。その詩《うた》のことばやフレーズは、あらゆる国、あらゆる時代の詩人たちの中で自然に何度も生まれ続けた。それらはあらゆる言語で響きわたった。シンプルなことばは真理を乗せ、あらゆる社会通念を突き破った。ほら、今また響いている。詩の節に隠れた意味を理解する人、頭ではなく、自分の心で認識する人は、多くの叡知を得る。

「君の先祖が塔で歌った他の詩《うた》には、何か意味が込められていたのかい？　なんで彼は詩《うた》に人生を捧げたんだろう？」
「父はね、ウラジーミル、詩《うた》の中に多くのイメージを創り上げたの。そのイメージたちが後に国を造り、そして長い間国を保っていた。神官たち、あの最初の神官たちの後裔《こうえい》たちは、そのイメージの力を利用してたくさんの宗教を作りだし、様々な国で権力を握っていった。ただ、打算的な目的でイメージを利用するにあたって、ひとつのことを知らなかった。神官たちは、創造したイメージが永遠に彼らに仕えるようにする方法を知らなかった。自分のプライド、傲慢と自尊心に従わせようとした人のイメージは、力を失っていった。その人……」

「待って、待ってくれ、アナスタシア。俺は、なんだかそのイメージというものについて理解できていないんだ」

「ウラジーミル、私の説明が不可解であることを許して。これからもっと簡単にわかるように説明してみる。ちゃんと順序立てて、すべての学問の中で最も重要なものについて話すから。その学問は形象学《けいしょうがく》と呼ばれているの。古代の、そして現代科学は、すべてこの学問から枝分かれしたもの。最も重要なことが永遠に隠れるように、神官たちはこれを細分化した。自分たちの権力が地球のすべてのものの上に、永遠に君臨した状態を保つために。次の世代へは、地下神殿で口伝によってその知識を伝えた。そして彼らが秘密を守ることをあまりに追及したため、彼らの末裔、今日の神官たちに、その学問はたった千分の一しか受け継がれなかった。しかしすべてが始まった頃は、神職の間では何倍も上手く使われていた」

「いったいどういうふうにすべてが始まったんだ？　全部最初から話してくれよ」

「ええ！　そう、もちろん。なんだかまた私は動揺している。全部順序立てて話さなければ。その学問の認識は、塔の上から響いた詩《うた》から始まった」

# 命の歓びの賛美

私の父が高い塔の上から歌った時、彼の詩《うた》からイメージが生まれていた。下に立っていた人々の中には詩人たち、歌い手たち、そして音楽家たちがいた。当時のすべての神官たちも集まった人々の中に重々しく座していた。神官たちが恐れていたのは、詩《うた》の中で彼らを糾弾《きゅうだん》するイメージが生まれること、そして父が神官たちによって塔に監禁されているのを暴露されることだった。しかし閉じ込められた歌い手が塔の上から歌っていたのは、歓びについての詩《うた》だけだった。彼は、公正な統治者とその統治者と幸せに暮らしている民のイメージを創った。また賢明な神官のイメージも創った。そして豊かな国とそこに息づく人々のイメージを思い描いた。彼は誰をも糾弾することなく、命の歓びを賛美していた。

十九年の歳月を形象学に費やしてきた神官たちは、彼が何をしているのかをおそらく他の誰よ

りも理解していた。彼らは人々の表情を追い、インスピレーションに輝いた表情をそこにみてとった。また詩人たちの唇が詩《うた》の節をささやき、音楽家が詩《うた》の拍子に合わせて自分の楽器の弦を静かに指で探っている様子を、見逃しはしなかった。

丸二日間、高い塔の上で父は歌った。神官たちは、一人の人間がみんなの前でいったい何千年の未来を創り上げているのだろうかと頭の中で計算していた。三日目の夜明けとともに、最後の詩《うた》、父が自分の息子と歌った詩《うた》のことばが響きわたり、彼は退き、詩《うた》を聴いていた人々も解散した。

最高神官は、長いこと自分の椅子に残っていた。もの思いの中で自分の椅子に重々しく座し、その周りの神官たちは沈黙の中で立ったまま、最高神官の髪の毛や眉が白髪で覆われ、すっかり白くなっていく様子をみていた。その後彼は立ち上がり、塔へ続く入口の封鎖《ふういん》を解くように命令を下した。そして塔への入り口は開かれた。

石の床の上に、生気のない詩人の身体が横たわっていた。パンのかけらが二メートルほど離れたところに落ちていた。衰弱した手がそこまで届かなかったのだ。一匹の仔《こ》ネズミが、手とパンのかけらの間を行ったり来たりして鳴き続けていた。仔ネズミは、詩人がパンを取り自分に分けてくれるのを求め待ち続けていたが、自らパンを取ることはしなかった。仔ネズミは待っていた、願っていた、詩人が息を吹き返すのを。入って来る人間たちをみると、仔ネズミは壁ぎわへ逃げるように走り、その後沈黙のまま立っている人間たちの足元へ走った。仔ネズミの輝くふたつの小さな瞳は、人間たちの目をみようとした。灰色の石板の上にいる仔ネズミに、入ってきた神官たちは気づかないでいた。それで、小さなパンのかけらの所へ再びいそいそと駆け寄って、必死にか細い声で鳴き、小さなパンのかけらに身体を伸ばし、命途絶えた哲学者、詩人そして歌い手の手の方へとそれを押しやった。

私の父の遺体は、神官たちによって、栄光の名とともに地下神殿に安置された。彼の墓は床の石板の下に、誰にも気づかれないように作られた。そして父の墓の上で白髪の頭を傾けながら、最高神官が言った。

「我らの中で誰一人として、お前のように偉大なイメージを創造することを知ったと言える者はいないだろう。しかしお前は死んではいない。我らはお前の体を葬ったに過ぎない。世界に、何千年にわたり、地上にお前が創造したイメージが生き続け、そしてお前もその中に存在し続ける。我らの後世の者たちは魂でそれらに触れるだろう。ともすれば、誰かが未来に創造の本質を、人間のあるべき姿を理解するようになるかも知れぬ。また我らは偉大な教えを作らねばならない、そして形象学を何千年も秘密に保たねばならない。我らの、または我らの後世の者の誰かが、この偉大な力を人間が何に向けるべきかを悟るまでは」

# 秘儀の学問

「神官たちは秘儀の学問を立ち上げた。その教えは形象学と名づけられ、他のすべての学問がここから派生していった。最高神官らは最も重要なことを封印するため、形象学全体をあらゆる分野に細分化し、他の神官たちにそれらの方面で考えることを強いた。こうして天文学、数学、物理学などが生まれ、後にその他多数の学問やオカルトも生まれた。すべてをそのように組み立てたのは、人々を枝葉末節のものに夢中にさせ、誰をも根幹の教えにたどり着けなくするために他ならなかった」

「でも根幹の教えっていったい何だ？　その形象学と君が言っているものはいったいどんな学問で、その本質はどこにある？」

「この学問は、人間に意識のスピードを加速させ、イメージで意識し、宇宙全体を即座に掌握《しょうあく》し、人の内面世界に入り込む。目にみえない、けれど命を宿したイメージ、すなわち実体を創りだし、そしてその力により大きな人間社会を操作することを可能にさせるもの。多くの宗教はこの学問により成功した。ほんのわずかでもこの学問を知った者は、途方もない権力を握り、国を支配したり、皇帝を王座から失脚させたりすることができたの」

「なんてことだ、たった一人の人間が国を支配できたっていうのか？」

「ええ、できた。その構想はいたって簡単なもの」

「今ある歴史において、ひとつでもそれにあたる有名な史実があるかい？」

「ええ、ある」

「それについて話してくれないか。俺はそれらしいものを何も思い出せないんだ」

「なんのために？　それを話していたら時間がなくなってしまう。帰ったらラマやクリシュナやモーセについて読んでみて。そうすれば秘儀の形象学の一部を知った彼らの、神官たちの創造をみることができる」

「まあ、わかったよ、彼らのやったことを読んでみよう。でもその学問の本質はどうすれば理解できる？　本質について話してみてくれ、何をどうやって彼らが学んだのかを」

「イメージで意識することを学んだ。このことは話したわね」

「ああ、そう言っていたね。ただ、数学とか物理だとかが、この学問とどう繋がるのかがわからない」

「この学問を習得したら、公式を書いたり、線を引いたり、モデルを作ったりする必要がなくなる。その代わりに意識で物質の原子核のレベルまで入り込み、原子を分裂させることができる。でもこれは、人類の運命、そしてあらゆる国の民の運命を支配する方法を習得するための、ほんの簡単な練習に過ぎない」

「なんてことだ、そんなことはこれまで読んだことがないぞ」

「聖書はどう？　旧約聖書に一例が綴られている。神官たちが、誰がより強いイメージを創るかを互いに競っていた。モーセとファラオの上級神官たちが。モーセは自分の杖をファラオたちの前に放り投げ、それを蛇に変えてみせた。そしてファラオの膝元にいた神官たちもまったく同じことをしてみせた。すると、モーセが創り出した蛇が他の蛇たちを飲み込んだ（＊旧約聖書　出エジプト記七章八—十二節）」

「つまり、あれは全部本当のことだったんだな？」

「ええ」

「俺は、作り話とか何か寓意的なものかと思っていたよ」

「作り話じゃないの、ウラジーミル。旧約聖書にあるその競り合いについては、全部その通りだった」

「じゃあ、なんのために彼らはお互いに目の前で競り合わなければならなかったんだい？」

「誰が、相手のイメージを消滅させるほどのより強力なイメージを創り出せるか、能力の高さをみせつけるため。そしてモーセはみんなに自分が最も強いことをみせつけた。するとモーセと闘うことは無謀《むぼう》だということになる。闘うのではなく、彼の要求を呑む必要があった。しかしファラオはそれを聞かず、モーセと彼の創ったイメージに率いられて進むイスラエル人を阻もうとした。しかし戦士たちはイスラエルの民を止めることができなかった。最強のイメージがその内に生きている民を。イスラエルの民がどのように何度も他の部族たちを征服し、街を獲得したかを、後で読んでみて。どのように自分たちの宗教を作り、国を造ったかを。ファラオの栄光は消えた。でもエジプトの神官たちが、偉大なイメージを創ることにおいてまだ誰よりも秀でていた頃、また創られたイメージが民の中でどのような行為を引き起こすかを計算できていた頃は、神官たちに統治されたエジプトは繁栄していた。

最後に起きた地球の大変動の後に発生したすべての名高い国々の中では、エジプトが最も長く栄えた国だった」

「違う、待ってくれ、アナスタシア。みんなが知っていることだ、エジプトはファラオによって統治されていたんだ。彼らの墳墓《ふんぼ》であるピラミッドは今の時代まで残っているじゃないか」

「表面的な権力を執行する役割がファラオに委ねられていたの。でもファラオの主要な役割は、賢人たる統治者のイメージを体現することだった。重要な決断を下すのはファラオではなかった。ファラオたちが完全に権力を自分の手中に収めようと試みたとき、国は即座に低迷した。そもそも、ファラオは全員、神官たちにより王位に叙《じょ》されていたの。幼年期からファラオも神官たちの下で形象学の習得を目指し、その初歩を習得できた者だけが後の王として指名された。

当時のエジプトの権力構造は、今日そのまま描くことができる。頂点に秘密の神官たちがあり、その下に教育や裁判を行う神官がいる。表向きには、神官たちのグループの代表者による会議が国を監督する役割を果たし、ファラオは彼らの法や指示に従って統治する。各地の共同体の統率者たちには少なからず執行権力があるとされ、独立していた。すべてがおおむね今と同じような構造だった。多くの国で大統領、政府が執行権力としてあるでしょう。議会が昔の神官たちで、法を作る。唯一の違いは、ファラオが神官たちに学んだように、大統領になるための学びの機会を与える国がひとつもない、ということだけ。会議、議会、コングレス、神官たちの立法府にあたるものが現代どんな名前で呼ばれていても重要ではない。重要なのは、統治するための法を作る前に、会議に出る人たちを勉強させるようなところがないということ。形象学が秘密の領域に隠されてしまった時代に、立法者たちはどこで賢明さを学ぶことができる？　ほら、だから多くの国でカオスとなっているの」

「君は何が言いたいんだ、アナスタシア。我われが国の統治構造の基礎を古代エジプトに倣《なら》えば、すべてが良くなると？」

「権力の構造で変わることはあまりないわ。一番重要なのはその後ろに隠れている。そしてエジプトの構造について言うのならば、エジプトを動かしていたのは構造でも、ファラオでも、そして神官たちでもない」

「じゃあ誰だい？」

「イメージが、古代のエジプトのすべてを動かしていた。神官たちも、ファラオたちも、イメージに服従していた。古代のイメージについての学問の中から、数人の神官による秘密の会議で、ファラオの公正な統治者のイメージを倣った。彼らにとってその当時に想像できるイメージを選んだ。振る舞いの仕方や外見の装飾、そしてファラオの生活様式まで、その秘密の会議で長い時間をかけて審議していた。その後、選ばれた神官の一人を、そのイメージとそっくりになるように教育した。できるだけ王族の中から選ぶ努力をしていたけれど、外見または性格において、王家の血筋でイメージに合う者がいない場合は、神官たちが全神官の中から一人を選び、その者をファラオとして示した。神官のファラオは必ず、人々の前では常に描かれたイメージと合致《がっち》していなければならなかった、特に民の前に現れる時には。そのイメージに自分を重ね、理解した通りに行動した。民がイメージを信じるとき、そのイメージが大多数の者に好まれ、各自が意欲をもって彼に従うとき、国家は膨大な数の管理者、役人らの構造を作る必要などない。このような国は強国に成長し、繁栄する」

「でも、もしそれが本当なら、今もイメージなしに国家は成り立たないじゃないか。一方で成り立っていて、実際に繁栄している国もある。アメリカやドイツ、そして俺たちのソビエト連邦だって、ペレストロイカまでは超大国だったんだ」

「イメージなしには、ウラジーミル、今日でも国家は成り立たない。今日も、国民の大多数に最大限受け入れられるイメージが統治する国家だけが、他の国よりも比較的繁栄している国家なの」

「じゃあ、今はいったい誰がそれを創っているっていうんだ？　もう神官なんていないのに」

「神官は今でもいる、ただ今は違った名前で呼ばれているだけ。そして彼らの形象学の知識もずっと薄れてきている。現代の神官たちには、長期的且つ偏りのない計算をする力がない。目的を定め、自国をその目的に導くに足るイメージを創造できない」

「何を言っているんだ、アナスタシア。あのソビエト時代にいったいどんな神官やらイメージがあったって言うんだ？　あの頃すべてを動かしていたのはボリシェビキ（＊レーニンが率いたロシア社会民主労働党の左派。ソビエト共産党の前身であり、ここではソビエト共産党の意味で使われている）だ。最初はレーニンで、その後スターリンがトップにいた。その後は他の書記長が。政治局は彼らの手にあったんだ。当時宗教はほとんど廃止され、教会は破壊された。それなのに君は『神官』だなんて」

「ウラジーミル、もっと注意してみて。国家ができる前、ソビエト連邦という名前がつく国家が発足する前は、何があった？」

「何がって？　誰だって知っているじゃないか。帝政だよ。その後革命が起こり、我われは社会主義の道を進んだ。共産主義の建設を目指したんだ」

「でも革命が起こる前、公正で、幸せな新しい国の制度のイメージが、強力に国民に広まっていったでしょう。そして旧制度は糾弾された、その前に新しい国家のイメージが創られていたから。

そして新しい、みんなにとって最も有益な統治者のイメージが国民の中で創りあげられた。それと、どうすれば各自が幸せに暮らせるかというイメージも。これらのイメージが人々を誘導し、味方につけ、まだ古いイメージを信じている人たちと闘わせた。そして革命、後に内戦となって、あまりにも大勢の人々が巻き込まれたけれど、実際は二つの異なるイメージの戦いだった」

「もちろん、今の話の中に何かはあるかもしれない。ただ、レーニン、スターリンはイメージじゃない。彼らは、みんなが知っている、ただの人だ。国の指導者だ」

「あなたは名前を挙げ、その背後には単に肉体としての人がいるだけだとみなして呼ぶ。でも実際は……、自分で考えてみればきっとわかる、まったくそんなことはないの、ウラジーミル」

「何が違うって言うんだ？　言ってるじゃないか、みんなが知っている、スターリンは人間だった」

「じゃあ教えてウラジーミル、スターリンはどんな人間だったの？」

「どんな？　どんなって……、まあ初めは、みんなが彼を善良で公正だと思っていた。子ども好きで。写真でも絵でも、小さな女の子を抱いた姿が描かれていた。戦争へ行く多くの兵士たちは『祖国のため、スターリンのため』と叫んで行った。彼が死んだときはみんな涙を流した。母が話していたよ、彼が死んだとき国民のほとんどが泣いたって。亡骸《なきがら》は霊廟《れいびょう》に、レーニンの隣に安置されたんだ」

「そう、つまり多くの人が彼を愛し、彼の名において敵との死闘に勝利したということ？　彼のために詩も書かれた。でもその後は？　現代の人々は彼のことをなんと言っているの？」

「今は、圧政者だとか、殺人鬼、抑圧者だとみなされている。多くの国民を牢獄に追いやったと。スターリンの亡骸は霊廟から引っ張り出されて地面に埋められ、銅像も破壊し尽くされ、彼が書いたたくさんの本も……」

「もう自分でわかったでしょう？　あなたの前に二つのイメージが現れたの。二つのイメージ、人間は一人だったのに」

「一人だ」

「彼がどんな人間だったか、今また私に話せる？」

「たぶん、話せない……君は話せるのかい？」

「スターリンは、初めのイメージにも、二つ目のイメージにも合致しない。そしてそこに国の悲劇がある。国家の悲劇はいつも、統治者と彼のイメージとの間に大きな不一致があるときに起こるもの。そこからすべての不安が生じる。そして不安になった人々が、イメージのために闘う。ごく近年まで人々は共産主義のイメージを目指していた。でも共産主義のイメージは衰えた。じゃあ今、あなたやこの国に住むすべての人たちは、何を目指している？」

「今、俺たちが築いているのは……たぶん資本主義、それか他の何かだ。先進国の人たちみたいに暮らせるように、アメリカとかドイツのように。まあ概して、民主主義であること。彼らのように、より経済的に豊かになることだ」

「今、あなたたちが抱いているのは、あなたが挙げた国と同一視された国のイメージ、そしてその国のイメージに合致する公正な統治者のイメージ」

「まあ、イメージではそれらの国だということでいいよ」

「でもそれは、あなたが住む国の神官たちの知識がひどく衰退していることを意味する。知識がないの。彼らには力がない、ふさわしいイメージを創造する力が、自分たちの道へと動かすことのできる力が。通常このような状況においてはどんな国家も滅んでいった。何千年もの歴史がそれを表している」

「でも俺たちみんなが、例えばアメリカとかドイツのような暮らしを始めたら何が悪いんだい？」

「ウラジーミル、自分でよく考えてみて、あなたが挙げたそれらの国々がどれだけの問題を抱えているか。自分で自身に答えてみて。彼らには、なんのためにあれほど大きな警察組織や、多くの病院が必要なの？　どうして自殺者が増え続けているの？　そして、人々はその豊かな都市や大きな国から休息するために、どこへ行っている？　必要な役人の数は、社会を監視するためにどんどん増え続けている。こういったこと全部が、彼らの国でもイメージが弱くなっている事実を証明している」

「それじゃあ、どうなるんだ。俺たちは彼らの弱まったイメージを目指しているっていうことかい？」

「ええ、そういうことになる。まさにそれによって少しだけそのイメージの寿命を延ばしている。

指導的だったイメージがあなたの国で打ち砕かれたとき、新しいイメージが創りだされなかった。だから国民は他の国に宿るイメージに魅了された。もし全国民がそれを崇拝《すうはい》すれば、そうしたらあなたの国、自国のイメージを失いつつある国は消滅する」

「じゃあ今、誰がイメージを創りだせるんだ？　神官なんて今はいないだろう」

「今でもいる、イメージを創ることに従事している人たちが。イメージの能力を計算し、国民を惹きつけ、そして彼らの計算通りになることもよくある」

「俺はそんな奴らの話は聞いたことがないな。もしくは最高機密扱いになっているのか？」

「大勢の人々がそうであるように、あなたも彼らの活動に毎日接触している」

「そんな、いつ、どこで？」

「ウラジーミル、思い出して。あなたたちが国の新しい議員を選んだり、数人の候補者の中から一人の、今は大統領と呼ばれている統治者を選ぶ時期が来ると、国民の前に彼らのイメージが示される。そしてそれらのイメージは、イメージ創りを職業として選んだ人たちが創っているの。色んな候補者がそういう人たちを何人か抱えている。そして勝つのは、大多数の人に最も好感を持たれるイメージの人」

「イメージじゃないだろう？　彼らはみんな現実の、生きた人間だぞ。集会では彼ら自身が有権者の前に出ているし、テレビにだって彼ら自身が出演しているじゃないか」

「もちろん彼ら自身で。ただ、大勢の人々を満足させるようなイメージに合致するよう、彼らは常にどこでどういう振る舞いをするか、何を話すべきかの助言を受けている。そして候補者たちは大抵その助言に従っている。さらに、候補者たちのために色々な広告が打ち出されている。彼らのイメージを、一人ひとりのよりよい生活と結び付けようとして」

「ああ、確かに広告はあるね。いずれにしても、俺には今ひとつよくわからないな、どっちがより重要なんだ？　議員や大統領に選ばれたいその人間自身なのか、それとも君が繰り返し言う、そのイメージなのか」

「もちろん、いつでも人間がより重要。でもあなたは投票していながらもその人に会わないし、実際の彼がどんな人なのか正確には知らない。そしてあなたは、うやうやしく捧げられたイメージに投票している」

「そうは言っても、候補者はそれぞれマニフェストを持っていて、人々はそれに対して一票を投じているんだ」

「そのマニフェストはどのくらいの頻度で遂行されているの？」

「まあ選挙前のマニフェストはいつも守られているわけじゃない。完全には不可能だ。完全に遂行されたことなんて一度もなかったよ、他の奴らと各自のマニフェストで邪魔し合うから」

「ほら、いつもそうなってしまう。多数のイメージが創られるけれど、その中にはみんなのための統一されたものがない。すべての人々を惹きつけ、共通の目的へと導く力のある、みんなを結束させるイメージがないの。つまりそれはインスピレーションがないという意味。道は不明瞭で、人々の生き方は目先のことだけのカオスなの」

「じゃあ、いったい誰がそんなイメージを創ることができるんだ？　今では賢明な神官たちはいないってことになる。それに君の先祖が神官たちに教えたという、その形象学っていうものについて俺は君から初めて聞いたんだ」

「もう少し待って、この国に強いイメージができるはず。それがすべての戦争を一掃し、人間の夢を美しい現実に変え始める。あなたの国で、そのあと全地球上で」

# 遺伝子コード

アナスタシアは夢中で語っていた。あるときは生き生きと嬉しそうに、またあるときは気落ちした様子で、かつての地球で起きたことについて語っていた。信じられるものもあれば、そうでもないこともあった。そして私は、人間が自分の記憶に、自身の誕生の時からだけでなく、先祖たちの誕生の時からの記憶、もっと言えば最初の人間の創造の時からの記憶を保持することができるものか、街に戻ったときに調べたいと思った。専門家や学者たちが、何度かこの議題で集まって討議した。私はここに、この議題に関わる専門家たちの研究会であがっていた一部の見解を抜粋する。

「……多くの人にとっては、生活用品が人間についての情報を保存しているというのは奇妙な主張に思えるかもしれない。しかし、もしあなたがカセットテープと録音機を、一度もみたことも、その機能について聞いたこともない人にみせて、カセットテープに彼の声、彼の話が録音されており、一年後でも十年後でも、聞きたい時にいつでもそれを聞けるんだと言ったとしたら、その人はあなたの言うことを信じないだろう。あなたのことを、人を担いで喜んでいる人間だと思うだろう。一方で私たちにとっては、声が録音されて再生されることは普通の現象だ。つまり私が言いたいのは、私たちに奇妙に思えることが、他の人にとってはとても単純な、自然なことであるかもしれないということである」

「人間がこれまでにまだ自然によって発明されたものよりも重要な、そして完全なものを発明し得ていないという事実を取り上げると、アナスタシアが遠隔でものをみることを助けている光線は、無線電話やテレビの存在で裏付けられる。さらに、彼女が使っているその自然現象は、無線電話やテレビのように私たちが発明した人工的な物を、より完全に完成させたものであるように私にはみえる」

「ある人の記憶は、出来事を半年間保存するのがやっとである。またある人は子どもの頃からの出来事を記憶していて、それについて話すこともできる。しかし、私にはこれが人間の記憶の可能性の限界だとは思えない」

「人間の遺伝子コードが、原初の情報を何百万年もの間保存していることを否定する学者は多くないと思う。生存期間中、補助情報と呼ばれている追加情報の集積はもちろんのこと、次世代への情報の伝達の可能性もある。私たちみんなが知っている『これは親譲りだ』とか『遺伝する』

という表現も、ちょうどこのことを証明するものだ。アナスタシアの何百万年、何億年も前に起こった光景を再現する能力は、理論的には可能であり、説明できることだ。それに、私たちの生活事情から隔離されているのであれば、彼女の記憶の方が最も正確なものかもしれない。アナスタシアの記憶は、多数の人々の記憶となんら変わらないのだと私は思う。より正確に言えば、彼女の遺伝子コードに宿っている情報は、他の人たちよりも多いということだ。その違いは、彼女はその情報を完全に『取り出し』、完全に再生ができる能力を持っているのに対し、我々は部分的にしかそれができないということにあるのだろう」

＊＊＊

これらの、そしてその他の専門家たちの見解は、なんとなく私に、アナスタシアが語った昔のことが本当のことであると納得させるものだった。特に、カセットテープについての例は気に入っている。一方で、研究会に招かれた学者たちは、今のところ次の現象については説明をつけられていない。アナスタシアがどのようにして地球上の文明についてだけでなく、異世界や銀河の生命についての情報を獲得したのか、というものだ。また、彼女はそういったことを語るだけでなく、私には彼女がそれらに対して影響を及ぼすことができるかのように思われるのだ。すべてを、順を追って記述を試みようと思う。そうすれば理論上であっても、彼女のこういった能力について解説し、その能力が誰しもに本来備わっているものであると理解できる人が現れるかもしれない。アナスタシア自身もそれらをどうして知っているのかを説明しようと試みた。しかし彼女の説明はあまり理解できるものではなかった。

とにかく、次の状況について、順を追って記述を試みる。

# 眠りの夢の中

アナスタシアの地球の文明についての話の中で、何度か宇宙の他の銀河や他の惑星における生命の存在についての話が出てきた。それらがとても強く私の興味をひき、昔の人間についての彼女の話を聞きつつも、心の中では他の惑星ではいったいどのように生命が創られたのだろう、ということが心を捉えていた。

アナスタシアはおそらく、私の関心が彼女の話から逸れてしまったのをみて黙ったのだろう。私も黙っていた。どうやって彼女に地球外文明の生命についてもっと多く、より詳しく話させるかを思案していたからだった。もちろん、そのまま質問することもできなくはなかった。しかし他人が知り得ないことを知っている理由を自分で説明できないとき、彼女は決まって途方にくれたように茫然となってしまうのだった。さらに、自分の特異な能力によって他の人たちから抜きん出た者になりたくないという彼女の思いが、彼女にすべてを語らせないようにしているかのようにも私には思えた。私は、彼女がいくつかの現象の仕組みを上手く説明できないことを恥じていることに、気が付くようになった。

私が彼女に直接的な質問をしたときのことだった。

「教えてくれ、アナスタシア、君は空間を瞬間移動することができるかい？　自分の身体をひとつの場所から他の場所へと移動させたりすることが？」

「なぜ私にそんなことを訊くの、ウラジーミル？」

「まずは、きちんと答えてくれないか、できるのかできないのか？」

「ウラジーミル、そんな能力は誰にでも備わっているの。でもあなたにその現象が自然なものであることを説明できる自信がない。あなたはまた私から離れていき、私のことを魔法使いだと思ってしまう。私といることが心地悪くなってしまう」

「つまり、できるんだね？」

「できる」少し間をおいて彼女は答え、そして視線を下げた。

「じゃあ、やってみてくれ。みせてくれ、どうやって起こるのか」

「できたら先に説明をしてみたい……」

「いや、アナスタシア、まずはみせてくれ。いつだって話を聞くよりもみる方が面白いさ。説明はそれからでいい」

アナスタシアは何やら我を忘れたように立ち上がり、瞼を閉じた。少し身体を硬直《こうちょく》させ、そして消えた。私はあっけにとられて、方々を見回した。彼女がついさっきまでいたその場所を手で触ってみたくらいだ。しかしその場所にあるのは押しつぶされた草だけで、アナスタシアはいない。そして私がみたのは、湖の対岸に立っている彼女だった。私は沈黙したまま彼女をみつめた。

彼女は叫んだ。

「あなたの方へ泳いで行くか、それとももう一度……」

「もう一度」と私は答え、何も見逃さないようまばたきもせず、小さな湖の対岸に立っているアナスタシアの姿に目を凝らした。突然彼女は消えた。溶けていった。彼女のいた場所には煙ひとつ残っていない。私はまばたきをせずに目を凝らし続けた。

「私はここ、ウラジーミル」私のすぐそばでアナスタシアの声が響いた。彼女は再び私から一メートルほどの所に立っていた。私は驚きや動揺をみせないように努力しながら、ちょっとだけ彼女から後ずさりし、草に腰を下ろした。なぜか、こう思った。〝突然彼女が俺の身体を溶かしてしまうなんて考えを起こさないだろうか、そして元に戻さないなんて〟

「身体を完全に溶かし、原子単位に分解することは、その身体の持ち主にしかできない。これは人間にしかなし得ないことなの、ウラジーミル」先にアナスタシアが話し出した。

私にははっきりわかった。今、彼女は第一に人間であることを証明し始めたのだ。そして彼女に無駄な時間を使わせないために私は言った。

「『人間にしか』というのはわかるよ。でもすべての人間じゃない」

「すべてではない。そのためには……」

「君が何を言うかは知っているよ。『純粋な意図を持っていなければならない』だろう」

「そう。意図と、素早く生き生きとしたイメージで意識すること。詳細に、具体的に想像するの、自分の身体を。そして熱望、強い意志と自分に対する強い信頼……」

「説明しなくていいよ、アナスタシア。無駄な努力はやめてくれ。むしろこれを教えてくれ、君は自分の身体をどんな場所へも移動させられるのか？」

「どんな場所へでも。でも私は本当にめったにしない。どこへでもいいとなると、それはとても危険なこと……それに、その必要もない。なんのために肉体を移動させるの？　別の方法があるのだから……」

「どうして危険なんだい？」

「自分の肉体を移したい地点を、とても正確に思い描くことが不可欠なの」

「それをしないとどうなる？」

「肉体が破壊されてしまうことがある」

「何によって？」

「例えば、海の底へ自分の肉体を移動させたいとする。でも水圧が肉体を押しつぶしてしまう。もしくは窒息してしまう。街の道路を走行中の車の前に出てしまったら、車があなたの肉体に衝突して大けがを負わせる」

「人間は、他の惑星にだって移動できるのかい？」

「距離はまったく何の意味もないの。肉体はあなたの意識が示した場所へ移動する。初めに意識が望む場所に行き、意識はそこで、その前に空間に溶かした肉体を集め、再び形づくる」

「じゃあ、自分の肉体を溶かすためには、その時に何を想像すればいいんだい？」

「肉体のすべての物質を、とても小さな原子、そして原子核に至るまで思い描く。核の中で、その要素が一見無秩序な動きをしているのをみる、そしてそれらを意識の中で空間に溶かす。それからさっきの手順にあった、核の中の無秩序にみえる動きを集め、正確に肉体を再現させる。全部とても簡単なこと。子どものキューブ遊びのように」

「しかし、他の惑星では呼吸ができる環境がないことも考えられるね？」

「だからそう言っているの。深く考えないで移動することは危険なの。たくさんのことを見越しておく必要がある」

「つまり、他の惑星への移動は叶わないってことかい？」

「叶う。周りの空気の一部も移動させることができて、しばらくの間そこで肉体は生きていられる。でも、肉体の移動は本当に特別なその必要性がない限りは、絶対にしない方がいい。ほとんどの場合、自分の光線を使って遠くのことをみたり、もう一人の物質ではない『私』だけを動かすことで十分こと足りる」

「信じられない！　信じがたいよ、そんなことを大昔の人は誰でもできていたなんて」

「どうして『大昔』なの？　今でも、人間のもう一人の『私』は自由に移動できるし、実際に移動している。ただ、誰もそこに何の課題も設定していないだけ、目的を決めていないだけ」

「じゃあ、誰の、いったいどんな人の物質でない『私』が、いつ移動しているって言うんだ？」

「今は主に、人が寝ている間にその現象が起こっている。同じことを目が覚めている間にも起こすことはできるけれど、日常のせわしい雑事や、ありとあらゆるドグマ、自ら作り上げているあらゆる問題のせいで、人々は自分をコントロールする能力をどんどん失っている。十分にイメージして意識する能力を失っている」

「肉体なしで旅したって面白くないからじゃないのか？」

「どうしてそんなふうに考えるの？　知覚の最終的な結果がまったく同じこともよくあるのよ」

「まったく同じ結果だったとすれば、人は自分の身体を引きずって外国を回ったりしないだろう。観光ビジネスは今すごく景気がいいんだ。それに、俺には人間の持つもう一人の『私』のくだりがやっぱりよくわからない。身体がなかったのならば、すなわちそこにその人はいなかったってことだ。それが簡単で明確だ」

「慌てないで、ウラジーミル、性急な結論を出さないで。私がこれから三つの異なる状況を例に挙げるから、そのうちどの状況において当事者が旅をしているか、自分で答えを出してみて」

「よし答えようじゃないか。話してくれ」

「まず一番目。誰かが深い眠りについている様子を想像してね。彼を担架《たんか》に乗せる。眠っている彼を飛行機に乗せ、他の国の街へと運んでしまう。例えばモスクワからエルサレムへ。そこで、眠っている彼をメインストリートに沿って運び、寺院に持ち込み、そしてまた同じ道をたどり、担架に乗せられた元の場所まで送り返す。どう思う、このモスクワっ子はエルサレムにいたことになる？」

「まず他の二つも話してからにしてくれ」

「わかったわ。もう一人は、自分でエルサレムに行った。メインストリートを通り、少しだけ寺院にいて、帰ってきた」

「三つめは？」

「彼の肉体は家に残っていた。でも彼は、遠くにいながらすべてを想像する能力を持っていた。まるで夢の中のように街を歩き回った。寺院にも行き、他の場所も訪れ、それから同じように意識の中で帰ってきて、それまでしていたことに戻った。この三人のうち、エルサレムにいたのは誰だとあなたは考える？」

「本当にそこにいたのは三人のうち一人だけだ。それは自分で旅に出て、全部自分の目で見学した人」

「それでもいいわ。でもエルサレム訪問は、最終的にそれぞれに何をもたらしたと思う？」

「一人目の奴には、何ももたらさなかった。二人目はみたことを話すことができるだろう。でも三人目は……三人目も話すことがきっとできるだろう。でも彼は間違っているかもしれない。なんせ彼が話すことは彼が夢の中でみたことなんだからな。夢は現実から大きくかけ離れていることもある」

「でも夢をみるという現象自体も、現実」

「そうさ、夢は現象として存在する。夢も現実と言っていいだろう。でもなんだって君はこのことを話しているんだ？」

「あなたもきっと、人間がいつでも二つの現実を重ね合わせたり交わらせたりすることができる、ということを否定しないでしょう」

「わかっているよ、君がこの話をどこへ誘導したいのか。君は夢を支配し、どこへでも意のままに送ることができるって言いたいんだね」

「そう」

「でもそれを可能にするには、何を使えばいいいんだ？」

「意識エネルギーを使うの。その能力を解放して、あらゆるイメージや現実に浸透させるの」

「それでなんだ、意識エネルギーが他の国の様子を記録するっていうのか、ビデオカメラみたいに？」

「素晴らしい！　ビデオカメラをこのことの原始的な裏付けとしましょう。つまり、あなたが結論づけたのよね？　ウラジーミル、はるか彼方で起こっていることを感じるために、必ずしも物体としての身体が移動する必要があるわけではないと」

「まあ必ずではないかもしれないね。でもなんのために君はこの話を始めたんだ？　この立証を？」

「あなたが他の世界の話を始めた時、私にそれをみせるよう求めたり、頼んだりするだろうと思ったの。私は、あなたの身体を危険にさらすことなく望みを叶えてあげたい」

「君の理解は全部正しい、アナスタシア。俺は実際にそれを君にお願いしようと思っていたんだ。つまり、やっぱり他の惑星にも生命があるんだね？　ああそれをみれるなんて面白い！」

「どの惑星へ遠足に行きたい？」

「生命がいる星がたくさんあるのか？」

「たくさんあるけれど、でも地球よりも興味深いものは存在しないわ」

「それでもいい、他の星にはどんな生き物が？　どうやって発生したんだい？」

「地球が神の創造として出現したとき、多数の大宇宙の本質たちがその絶妙な創造を模倣したいという熱望にかられた。彼らは異なる世界に独自のものを、彼らの言うところの似ているものを、惑星を使って創造したがった。そして創造した。けれども生命は、つまり調和のとれた地球の生命に近いものは、誰も創ることができなかった。この大宇宙の中には、蟻《アリ》たちが君臨する惑星がある。そこには非常にたくさんの蟻がいる。これらの蟻は他の生命体を食べている。他に食べるものがなくなると共食いをして、そして死滅していく。そんな生命体を創造した本質たちは再び試みるけれど、よりよいものはどうしてもできない。すべての存在を調和の中で一《いっ》なるものにすることは、誰にもできなかった。

他にも地球の植物に似た世界を惑星に創造しようと試み、そして正に今も試み続けている惑星が複数ある。そして実際に創造している。大きな木々、草や灌木がそれらの惑星で育っている。でも彼らが創ったものは、完全に成長を遂げると毎回ことごとく死んでしまう。大宇宙の本質たちのうち誰も、再生の謎を解くことはできない。彼らはちょうど今日の人間のよう。だって今の人間たちは、たくさんの人工的な物を自分たちで作りだしているでしょう。でも彼らの創造物は自分を復元することはできない。壊れたり、腐ったり、老朽化したりして、常に手入れを要求している。地球の大部分の人たちが自分たちの創造物、物質の奴隷と化している。自分自身で復元し、多様性に満ちた偉大な調和の中で生きる能力を持っているのは、神の創造物だけ」

「アナスタシア、この大宇宙には、人間のように技術を発達させている生き物がいる惑星はあるのか?」

「ええ、あるわ、ウラジーミル。その惑星は地球の六倍の大きさがあって、外見上は人間と似た生き物がいる。彼らの技術は人工的で、完成度では地球のものより大幅に先行している。その惑星の生命体は、自分を神と似た者であるとみなすひとつの大宇宙の本質により創られた。そして神の創造を超えることに躍起になっている」

「教えてくれ、円盤ってのは、つまり宇宙船で地球に飛んで来ているっていうのは、そいつらなのか？」

「そう。地球の人間たちと接触しようと、もう何度も試みている。でも彼らの接触は地球にとって……」

「いや、待てよ。君は俺を、もう一人の『俺』とやらを、なんでもいいから一時的にその惑星に運ぶことはできるのかい？」

「ええ、できるわ」

「じゃあ運んでくれ」


その後、アナスタシアは私に、草の上に横になり、リラックスするように言った。彼女は手を左右に広げて、一方の手のひらを私の手のひらに乗せた。そしてしばらくすると私は何か夢のようなものの中に入っていった。『何か』と書いたのは、眠りへの入り方が普通ではなかったからである。初めに身体の力がどんどん抜けていった。身体が感じられなくなったが、私自身ははっきり物もみえ、周りの音、鳥のさえずり、木の葉がカサカサと立てる音も聞こえていた。その後、瞼を閉じると夢の中に入った。またはアナスタシアの言葉では、『分離した』。しかし、未だに私はあの後何がどう起きたのかを理解できる状態にない。アナスタシアの助けにより私は眠りに落ち、そして夢をみたと仮定しても、それは通常の人間の夢とは比較することができないものだった。みたものすべてに対して、非常にはっきりした感覚と明確な自覚があるものだった。

# 他の世界

私は別の世界、他の惑星をみた。そこで起きていたことすべてを、鮮明に且つ詳細に覚えている。それと同時に今でも意識の中では、あのようなことをみることは不可能だという感覚が残っている。想像してみていただきたい。理性と意識はそんなものがみえるはずがないと言っているのに、その視覚と光景は今でも私の中にある。私はここに、みなさんのために描写してみようと思う。

私は地球によく似た地面の上に立っていた。周囲には何ひとつ植物は生えていない。私は『立っていた』と書いているが、そう言っていいものかどうかは答えに窮《きゅう》する。私には手も足もなく、身体はなかった。と同時に、私は小石の感覚や地面の凸凹のさまを足の裏で感じ取っていた。

周囲には、少なくとも目の届く範囲では、地面の上に金属のような卵型のものと、四角い立方体のような機械がいくつもそびえ立っていた。『機械』と書いているが、それは私から一番近い所にあるひとつが、唸《うな》るような音を立てていたからだ。それぞれの機械からは、様々な太さのホースが何本も突き出し、地面に向かい伸びて埋まっていた。いくつかのホースは時々軽く震えて、まるで地面から何かを吸い上げているようで、その他のホースは動いていなかった。生命の存在は何ひとつとして視野に映らなかった。突然、このへんてこな装置の側面のパネルが二つに別れ、何か円盤のような物がゆっくりと泳ぐように出てきた。ちょうど陸上競技の選手が投げる円盤に似ているが、ずっと大きかった。直径は四十五メートルといったところか。それは空中に止まって回転し始めた。若干降下したかと思うと、上昇し、音を一切立てることなく急発進して私の上を通り過ぎていった。遠くに建っている複数の装置も同じことをし、いくつかの円盤が最初の円盤に続いて次々と飛び去って行った。そしてまたがらんとした空間に、おかしな装置の唸り音とガタガタと鳴る音だけが響いていた。取り巻く光景は興味をそそったが、何よりも、なんというかその生気のない感じが私を驚かせた。

「何も怖がることはないの、ウラジーミル」不意にアナスタシアの声を聞き、ほっとした。

「君はどこだ、アナスタシア?」私は問いかけた。

「あなたの隣にいる。私たちは目にみえないの、ウラジーミル。ここには今、私たちの気持ちや感覚や知性といった、目にみえないエネルギーのすべてがある。私たちはここに、物質的な身体なしで存在しているの。私たちに対して、誰も何もすることはできない。唯一気をつけなければならないのは自分自身、自分自身の感覚の作用」

「作用って、例えばどんなものだい？」

「心理的なもの。例えば一時的に気が狂ってしまうとか」

「気が狂う？」

「そう、一時的なものだけど、一カ月か二カ月の間、他の惑星でみたものが人間の理性と意識をかき乱すことがあるの。でも怖がらないで、それはあなたを脅かすものではない。あなたは耐えられる。そしてここでは何も恐れなくていいの。信じて、理解してね、ウラジーミル。あなたは今ここにいるけれど、彼らにとってはあなたはいない。今私たちは目にみえない透明な存在なの」

「俺も怖がっていないよ。それより教えてくれ、アナスタシア。周りのあの唸っている機械は何だ？　何のための物だ？」

「あの一台一台の卵型をした機械は工場。あなたが興味津々な『空飛ぶ円盤』を造っている」

「じゃあ誰が働いたり、工場を動かしているんだ？」

「誰も。工場は予め特定の製品を製造するようにプログラミングされているの。地中に伸びている管から必要な原料を必要なだけ吸い上げている。各小部屋で、溶解、型打ち、それから組み立をして、完成した製品が外へ出ていく。こういう工場は、地球のどんな工場よりもずっと合理的。一連の作業からの廃棄物はほとんどない。遠い所から原料を運ぶ作業も必要ない。バラバラな部品を組み立て場所まで引っ張って来る必要もない。製品形成のすべてのプロセスがひとつの場所で行われているから」

「見事だ！　それこそ俺たちに必要なことじゃないか！　それじゃあ、あの新しい『空飛ぶ円盤』を操縦しているのは誰なんだ？　どれも同じ方向へ飛んで行ったようにみえたが」

「だれも操縦していない。自分で倉庫のあるところへ飛んでいくの」

「信じられない。まるで生き物みたいだ」

「でも地球の技術からみても、あれは何もすごいことではない。地球にも無人飛行機やミサイルがあるのだから」

「いや、そんなのは結局人間が地上で操縦しているんだ」

「地球にはもうだいぶ前から、事前に一定の目的をプログラムされたミサイルがあるわ。『発射』というボタンを押しさえすれば、ミサイルは自動的に作動し、標的に向かって発射するでしょう」

「あるかもしれないね。いや実際、俺は何を驚いてばかりいるんだろう」

「よくよく考えれば、それほど驚かなくてもいいことよ。ただ地球のものよりも、ここではテクノロジーが格段に進歩しているだけ。これらの工場は多機能なの、ウラジーミル。食品から強力な兵器に至るまで、とても多くの種類の製品を造ることができる」

「食品は何から造られるんだい？　ここには何も育っていないが」

「全部地中にあるの。必要になると、この機械が管から養液を吸い上げ、顆粒状《かりゅうじょう》に圧搾《あっさく》する。その顆粒には、体の生命維持に必要なすべての物質が入っているの」

「この機械自体はいったい何で動いているんだ？　だれが電気を供給しているんだ？　配線のようなものはまったくみえないが」

「エネルギーも自分で作りだしているの、周りにあるものをすべて利用しながら」

「おいおい、なんて頭がいいんだ！　人間よりも頭がいいな」

「人間よりも頭がいいなんてことはまったくない。ただの機械なんだから。自分に設定されたプログラムに従っているだけ。プログラミングし直すのはとっても簡単。どうやってやるのかみたい？」

「みせてくれ」

「じゃあ少しあれの近くに移動しましょう」


私たちは、九階建ての建物くらいの大きさの機械から出ている巨大な突出物から、一メートルほど離れた所に立っていた。ガタガタとした音がより鮮明に聞こえる。まるで触手のようにしなやかな管がそこから何本も地中に入っていて、微かに揺れている。表面は完全になめらかという訳ではなかった。太さをみると、直径は約一メートルといったところだろうか、ごく細いフィラメントがぎっしり表面を覆っている。その一本一本も、それぞれ振動している。

「これはスキャニング装置のアンテナ。アンテナはエネルギーパルスを感知し、受信した作業工程をプログラミングするのに利用される。もしあなたの脳が何かのモデルを形づくったなら、この機械はそれを造るの」

「どんな物でも?」

「どんな物でも、あなたがそれを詳細に思い描くなら。自分の頭の中でそれを組み立てるなら」

「どんな車でも?」

「もちろん」

「俺も、今ここで試すことができるのか?」

「ええ。受信機にもう少し近づいてみて。まず初めに、頭の中で、アンテナにすべてのフィラメントをあなたの方へ向けさせる。それができたらすぐに望む物を思い描き始めて」

私はアンテナのフィラメントの横に立ち、好奇心に駆られながら、アナスタシアが言ったように頭の中で、すべてのフィラメントが私の言うことをきくようにと念じた。すると、フィラメントたちがまず私の方を向いた。それから細かく振動しながらその先端を目にみえない私の頭へ向け、そこでぴたりと止まった。次は何か物を思い描かなければならない。私はなぜか『ジグリ』(*ロシアの大手自動車会社の車。現在はラーダというブランドになっており、ジグリはソ連時代のブランド名)のモデル7を思い描いてしまった。ノヴォシビルスクで私が乗っていた車だ。詳細にわたってすべて思い描くようやってみた。フロントガラスとボンネット、バンパー、色、そしてナンバープレートまで。かなり長い時間思い描いた。飽き飽きしてくると、私はアンテナから離れた。

馬鹿でかい機械が、より強く低い音を出し始めた。

「少し待つことになるわね」アナスタシアが解説した。「今、機械は未完成の製品を分解しながら、あなたが構想したものを完成させるためのプログラムを組んでいる」

「長く待つことになるのか？」

「それほどかからないと思う」

私たちは他の機械の方へ近づいた。私が足元にある色とりどりの石を観察していると、アナスタシアの声が知らせた。

「あなたが考えた製品が出来上がったみたい。どんなふうに課題を処理したかみに行きましょう」

私たちは先ほどみていた機械の方へ移動し、待った。しばらくすると、パネルが開き、滑らかなタラップから地面へと『ジグリ』が滑り降りてきた。しかし、私の前に鎮座《ちんざ》した物は、地球の自動車の美しさとはほど遠い、出来損ないだった。第一に、ドアがひとつしかなかった。運転席側にあるだけだ。後部座席の代わりに、何やらワイヤーを巻いた束といくつかのゴムの塊《かたまり》があった。私はその製品の周りを歩く、というか移動して回った。それは自動車とは名づけ難い代物だった。

進行方向の右側には、タイヤがない。前方のナンバープレートもバンパーも、やはりなかった。ボンネットは開閉できないようだった、車体と一体になっていたからである。要するに、このユニークな工場は、自動車ではなく何やら不格好なよくわからない代物を造ったのだった。

私は言った。

「異惑星の会社がなんて製品を造ってくれたんだ。こんな代物じゃあ、地球の設計者やエンジニアならみんな会社をクビになっちまうな」

それに応えるようにアナスタシアの笑い声が響き、それから彼女の声が伝えた。

「そうね、もちろんクビになってしまう。でもこの場合、設計責任者はあなたよ、ウラジーミル。ほら、あなたの設計の産物」

「俺はちゃんとした今風の車を造ってみたかったんだ。なのになんだ、こいつが吐き出したのは?」

「造ってみたい、だけでは不十分。すべてを細部にわたるまで詳細に思い描かなければならなかったの。あなたは自分のイメージの中で、乗客用のドアをちゃんと思い描くことをしなかったでしょう。そして、自分のためのたったひとつのドアしかイメージしなかった。タイヤだって、自分側のところしか描かなかった。反対側はもう取り付けるのが面倒になってしまった。たぶんエンジンのこともイメージしなかったでしょう?」

「ああ、イメージしなかった」

「それなら、あなたの設計図にはエンジンがなかったの。それなのに製造者にケチをつけるようなことを言っていいの? あなたがあんな具体性のないプログラムを課したのに」

突然、私たちの方に三つの飛行物体が近づいてくるのをみた、というか感じた。〝ここから消えなくては〟という考えがとっさに浮かんだのだが、アナスタシアの声がそれを押しとどめた。

「彼らは私たちに気が付かないし感じない、ウラジーミル。工場の稼働が中断したという情報を受信したから、きっと調査しに来たんだと思う。私たちはこの惑星の住人たちをゆっくり観察できそうね」

三つの小さな飛行物体から出てきたのは、五人の異星人だった……、彼らは地球の人間にとてもよく似ていた。単に似ているだけでなく、すべて地球人そっくりだった。いい体格をしていた。真っ直ぐに伸びた壮健な体は堂々としていて、美しい頭を支えていた。そして頭には髪の毛があり、顔には眉毛もあり、一人は口髭《くちひげ》をきれいに切り揃えていた。体にぴったりの、多色の薄手のつなぎを着ている。

異星人たちは彼らの工場が造り出した自動車、というか地球の自動車に似た物の方へ近づいて、全員で車のそばに立ち、黙って無表情にそれをみていた。〝奴らはおそらく察するだろう〟と私は思った。

みたところ一番若い、亜麻色の髪の異星人が一団から離れていった。彼は自動車のドアに近づくとそれを開けようとした。ドアは動かなかった。おそらくロックがつかえていたのだ。その後の彼の行動はまったく地球人のようで、私はいたく気に入ってしまった。亜麻色の髪は、手のひらでドアのロックの辺りを叩き、もう一度さっきよりも強い力でドアノブを強引に引っぱった。するとドアが開いた。彼は運転席に座ると、ハンドルを握ってダッシュボードの計器を注意深く調べ始めた。

〝でかした〟、私は思った。〝賢い奴だ〟。すると、私の結論を支持するアナスタシアの声が聞こえた。

「ウラジーミル、彼らの基準からすると、彼はとっても優秀な学者よ。彼の思考の回転は技術分野において速くて合理的。それに彼は、地球も含めて、いくつかの惑星の生活様式を研究している。名前は地球の名前に似ていて、アルカーンという」

「でもどうして彼の表情には、自分たちの工場が違うものを造ったことへの驚きさえないんだい?」

「この星の住人には、感情や感覚のほとんどが欠如しているの。彼らの頭脳は合理的かつ冷静に働いていて、感情的な盛り上がりや定められた目的からの逸脱はない」

亜麻色の髪は車から出てきて、モールス信号に似た音を発した。異星人の一団から老人が離れ、私が先ほど立っていた毛むくじゃらのアンテナの前に立った。それから彼らは全員各自の飛行物体に乗り込み、消えてしまった。

私のプロジェクトに従い自動車を造った工場が、再び唸り始めた。触手の管は地中から引き抜かれ、一番近くの同じようなオートマチック工場の方へ向かった。その工場からも同様に触手の管が伸びて来た。

すべての触手が互いに連結したところで、アナスタシアが言った。

「みて、彼らは自己破壊のプログラムを発動させた。障害を起こした工場のすべての部品は、他の工場によって溶解加工されて製造に利用されるの」

私には、あんなおかしな地球の自動車を私が造り出させてしてしまったロボット工場が、なんだか哀れに感じられた。しかし私にはどうしようもない。

「ウラジーミル、この惑星の住人達の生活をみてみたい？」アナスタシアが提案した。

「ああ、もちろん」

私たちは大きな惑星の中の、ひとつの都市あるいは居住区の上にいた。上からの眺めは次のような光景だった。

視界に入る限りでは、この居住区全体が、たくさんの円筒状の近代的超高層ビルに似た建造物で構成されており、その建造物が多数集まって円を描くように配置されていた。それぞれの円の中心には少し低い構造物があったが、それはどこか地球の木を思い起こさせるようなものだった。それに付いている多数のレーダーは葉っぱのようで、緑色でさえあるのだ。そしてアナスタシアが言うには、これらの人工的建造物は、地中から生物に必要な物質の成分を集めている。それらは特別なパイプラインによって住人一人ひとりの住居へと供給されているそうだ。さらにこの中心に配置されている建物は、この惑星に絶対不可欠な大気を維持しているのだと言う。

アナスタシアが居住部屋のどれかに入ってみようと提案したとき、私は訊ねた。

「あの亜麻色の髪の異星人、俺の車に乗った奴の部屋に行くことはできるかな？」

「ええ」彼女は答えた。「彼はちょうど、これから家に帰るところ」

私たちはひとつの円筒型の超高層ビルのちょうど真上にいた。異星の建物には窓がひとつもなかった。丸くなっている壁は、地味な色で正方形に塗られていた。各正方形の下方は、現代のガレージのような上昇式の戸口になっている。そこから時折、先ほどオートマチック工場の前でみた小さい飛行物体に似たものが、いろんな方向へ飛び立って行った。つまり、高層マンションの各戸の下部に、飛行物体のためのガレージがあるのだ。

マンションにはエレベーターや扉はない。各戸にそれぞれガレージからの入り口がある。そして後で明らかになったことだが、この惑星では一定の年齢に達した住人一人ひとりに、このような住居があてがわれるのだ。

部屋自体は、初めあまり私の気に入るものではなかった。亜麻色の髪の異星人を追って彼の部屋に入ったとき、まずその粗末さと簡素さに驚いた。部屋はおよそ三十平米の広さで、まったくの空っぽなのである。窓や仕切りがないだけでなく、最低限必要な家具までないのだ。明るい滑らかな壁には棚や写真ひとつさえない。

「なんだ、彼はこの部屋を手に入れたばかりなのか？」私はアナスタシアに訊ねた。

「アルカーンはここにもう二十年住んでいる。休息や余暇、そして仕事のために必要な物はこの部屋にすべて整っている。そういった必要な物は、壁に内蔵されているの。これから全部みられるわ」

そして実際、亜麻色の髪の異星人が正方形の下のガレージから上がってくると、部屋の天井と壁が柔らかく光り始めた。アルカーンは入口近くの壁の方へ顔を向け、手のひらを壁面に当て、彼は音を発した。すると壁の正方形に明かりが灯った。

アナスタシアは部屋の中で起こるすべてのことを解説した。

「今、コンピュータが手相と眼球の模様でこの部屋の所有者を認証している。今は挨拶をして、彼の不在時間と身体検査の必要があることを報告している。ほら、ウラジーミル、みえるでしょう。アルカーンがもう一方の手をパネルに押し当てて、コンピュータが彼の体の状態を検査できるように深く息を吐いた。検査が終わって、画面には彼が栄養の混合物を服用しなければならないという表示がされた。そして、これからの三時間、家主は何をして過ごしたいかという質問がなされた。

コンピュータは適切な混合物を用意するために、それを知っておく必要があるの。そして今、アルカーンはこの三時間に行う知的活動を最大限活性化する混合物を要求している。その後は眠るつもり。

コンピュータは、活発な知的活動を三時間も行うことを勧めず、二時間十六分維持するために計算された混合物を摂取《せっしゅ》するよう提案している。アルカーンはコンピュータの提案に同意した」

壁に小さな穴が開き、アルカーンはその中から何かしなやかな管の取っ手をつかみ、先端を自分の口へと引っ張って、ホースから飲んだ、または食べた。そして反対側の壁の方へ行った。管が出ていた穴は閉じられ、四角いスクリーンの光は消え、ついさっきまで異星人が立っていた壁は再び滑らかな、単色なものになった。

〝まったくもって〟、私は思った。〝このような技術があれば、台所や台所用品、皿や家具、掃除すらする必要がなくなるな。それに料理上手な妻の必要性までも。店にも行く必要がない。さらに健康状態もコンピュータがいっぺんに検査してくれて、必要な食べ物も用意してくれて、色々な提案もしてくれる。もしこんなコンピュータを地球で作ったなら、いったいいくらかかるのだろうか？〟

するとまたアナスタシアの声が知らせた。

「費用に関しては、これに似た設備を各戸に作る方が、家具のある台所や食べ物を料理するためのたくさんの装置を詰め込むよりも安く上がるの。彼らはすべてにおいて地球人より何倍も合理的。でも地球には彼らより何倍も合理的なものも存在する」

私はアナスタシアの最後のフレーズにさして注意を払わなかった。私にはアルカーンの次の行動が興味深かった。彼は声で指示を与え続け、すると部屋の中で次のようなことが起こった。

壁の一部から突然、アームチェアが吐き出された。アームチェアのすぐそばにもうひとつの小さな穴が開き、そこから机とフラスコのような半透明の栓の閉まった容器がせり出してきた。部屋の反対側の壁では対角線が一・五から二メートルほどある大きなスクリーンが照らし出され、スクリーンの中では、体にぴったりしたつなぎを着た美しい女性がアームチェアに座っていた。女性は手に、アルカーンの机の上に置いてあるフラスコに似た物を持っている。女性の映像は立体的で、私たちのテレビの映像よりもはるかに優れていた。彼女がスクリーンの中ではなく、本当に部屋にいるのかと思うほどである。アナスタシアの説明によると、アルカーンと彼の反対に座っている女性は子どもを作っていたのだ。

「地球人と違って、この惑星の住人たちは、性的な関係に至るのに十分な強い感情を持っていないの。外見的には彼らの体は、私たち地球人の肉体となんら変わらないようにみえるけれど、感情が欠如しているために、地球の方法で子孫を作ることができない。あの容器には、彼らの細胞とホルモンが入っている。男性と女性が、どのような子どもがほしいのか、彼らの未来の子どもの外見を提示する。彼らは頭の中で、子どもに自分の持つ情報を入れ、彼の未来の活動を検討する。このプロセスは地球の時間算定でおよそ三年続く。子どもの形成プロセスが完了したと彼らが判断したらすぐに、専門の研究所で二つの容器の内容物を混ぜ合わせて子どもを作り、専門の養育所のような学校で成人になるまで育てる。成人した集団の構成員には住居が提供され、彼をどれかの職業集団のひとつに加える」

アルカーンはスクリーンに映る女性をみたり、彼の前に置いてある液体が入って栓をされた小さな容器をみたりしている。突然、壁に内蔵されたスクリーンの光が消えた。それでも異星人は目を離すことなく自分の椅子に座ったまま、彼の前の机に置いてある、未来の自分の子どもの一部をみつめていた。対面の壁では、赤い正方形が点滅し始めた。異星人はその壁を横目でみて、手のひらで点滅する光が目に入るのを遮り、そして頭を自分の容器により近く傾けた。同時に天井から新しい正方形と三角形の光が物騒がしげに点滅しだした。

「コンピュータがアルカーンに割り当てた、起きている時間が経過したの。今コンピュータが睡眠の必要性をうるさく通告している」アナスタシアが説明した。

しかし、異星人は容器のさらに近くに頭を傾け、手のひらをその容器に当てている。天井と壁から出ていた光の点滅が消えた。すると部屋を蒸気のようなガスが満たし始めた。アナスタシアの声が解説する。

「今、コンピュータがアルカーンに催眠ガスを投与した」

異星人の頭はゆっくりと机の方へ傾き、間もなく机の上に倒れ込んでしまった。瞼は閉じていた。アームチェアは壁からせり出すように動きだし、ベッドに姿を変えた。それからアームチェアのベッドは複雑に揺れ動き、既に眠っている体は快適な寝床へと横たえられたのだった。

アルカーンは手のひらで自分の容器を握り、胸に当てたまま眠っていた。

この風変わりな住居の技術的な完璧さとこの大きな惑星全体について、もっとたくさんのことを話すことはできる。アナスタシアの言葉によると、この惑星で生きている集団は外部からの侵略をまったく恐れていない。さらに自分たちの技術力で、彼らは宇宙のどんな惑星の生命をも壊滅させることができる。地球以外のどんな惑星でも。

「なぜだ?」私は訊ねた。「つまり、俺たちのミサイルや兵器は彼らの攻撃を撃退できるってことかい?」

するとアナスタシアは答えた。

「ウラジーミル、彼らは地球のミサイルなどまったく恐れてはいない。この惑星の集団は、もうだいぶ前から二次的爆発についてすべてを知っていた。さらに圧縮爆発についても」

「『圧縮爆発』ってどういう意味だ?」

「二つかそれ以上の物質が瞬間的な反応で化学結合し、膨張して爆発を発生させることは地球でも知られている。でも二つの物質が接触することで起こる他の反応もあるの。一立方メートルまたはそれ以上の容積の気体の物質が、一粒のエンドウ豆の大きさに凝縮し、超高硬度の物質に変化することができる。想像してみて、そんな雲の中で核弾頭やミサイルが爆発する。でも同時に、爆発の膨張の力に他の力が抵抗して、圧縮爆発も同時に起こる。パチっという音がするだけ。それなのに、その雲の中にあったものすべてが、エンドウ豆のような小さな石に変わっている。地球のミサイルには、気体である雲のカーテンを突き破ることはできない。

地球上の歴史において、彼ら側から二回の出現または攻撃があった。そして今、三回目を準備している。好機が再びすぐそこまで来ていると考えている」

「つまり、地球に奴らの持っているものよりも強力な兵器がない限りは、奴らにはどうやっても対抗できないってことか」

「人間は武器を持っている。それは『人間の意識』と呼ばれるもの。そして私一人でだって、彼らの持っている武器の半分くらいを粉砕して宇宙の塵にしてまき散らすことだってできるはず。そして助けてくれる人がみつかれば、私たちは一緒にすべての兵器を破壊することができる。でも問題は、地球の大部分の人と政府のほとんどは、その襲来《しゅうらい》を幸福なことととして受け取ってしまうこと」

「でもいったいどうしてそうなるって言うんだ？　襲来を、侵略を、みんなが幸福と受け取るだなんて」

「今にみえるわ。ほらみて、あそこに上陸部隊を訓練している、地球の全大陸を征服するためのセンターがある」

# 侵略センター

私は、もちろん、惑星全体を征服する力のある惑星間スーパーテクノロジーを目にするものだと期待していた。しかし私の目の前に現れたものは……。ロシアの、そしてアメリカや他の国の軍事専門家たちは、自分たちが防衛している領土が、このような兵器でた易く征服されるなどとは想定していないだろう。さあ、尊敬する読者のみなさんも、この先を読み進める前に、異惑星の地球侵略訓練センターの装備を想像してみてほしい。その後で、実際それはどのようなものかをご覧いただきたい。まず、外見から紹介する。

巨大な四角い建物。この建物の四方それぞれに実物大の、地球の我われ祖国の議会、国会、クレムリンにある大統領執務室の内部のレプリカが設置されていた。フロアの反対側にはアメリカ議会とホワイトハウスの大統領執務室がある。フロアの残り二つの面には、みるからにアジア諸国の国家機関がある。議会のひじ掛椅子には地球の議員たち、大統領らが座っている。私は初め我われロシアの議員たちをよく眺めてみた。彼らは私がテレビでみたことがあり、よく知った面々の正確なコピーだった。ただ、ミイラのように動かずに座っているだけだ。何でできているのかは言い表し難い。人形か、ホログラムかロボットか、またはもっと他の何かかもしれない。

巨大なフロアの中ほどには高くなった壇があり、そこにおよそ五十人の異星人がひじ掛椅子にゆったりと腰かけていた。彼らはあのいつものつなぎ服ではなく、地球のビジネススーツを着て、彼らの前で発表する者の発言を聞いていた。おそらく、発表者は訓練責任者か何か他の責任者だと思われる。

アナスタシアの解説によると、私が観察しているのは、地球の政府らとの協同作戦に向けた訓練の定例授業を行っている上陸部隊のグループのひとつであり、彼らは地球で最も広く使われているいくつかの言語と、あらゆる状況での人間の振る舞い方を研究している。特に、地球の全住民に影響を及ぼすことが見込まれる複数の政府や立法機関との接触のために、入念に準備している。言葉による会話は彼らにとって特別に苦労を強いるものではなかったが、外面的に感情を表すためのいくつかの感覚が欠如しているため、彼らが地球人のジェスチャーや表情を習得するのには相当な困難を要した。そしてさらに、彼らの合理的思考では、地球の国家の統治システムの論理がどうしても理解できないのだった。彼らの最高の頭脳と文明の高度に完成された技術を導入しながらも、彼らにはどうしても解けない謎があった。例えば、地球には既に情報技術や多くの専門的研究施設がありながら、なぜそれらの専門機関は、立法機関の決定によって生じるであろう結果に関し、国家にしっかり提示しないのかということだ。これについて異星人たちが確信した結論は、既にすべてが整っている一定の分析機関を国家が持っている場合、下すべき決定の総数により、社会的現象はほぼ正確にモデル化できるということだ。しかしながら、実際は、地球人の政府の各構成員、立法府は独立して機能することになっており、各々が独立して決定を下している。十分な情報も得ないまま、政府の各構成員は優秀な分析機関の機能も果たさなければならず、自分の同僚や敵対者や味方の行為の結果を考慮に入れなければならないのだが。

異星人たちにとって、とても難解な謎と考えられていた問題はもうひとつあった。それは、地球人はなぜ到達すべき目標を定めないのか、ということだった。地球人は何かを目指して突き進んでいる。しかし何を目指しているのかは、深い謎である。しかし、今日の地球人の集団の需要に基づき、異星人たちは地球の全大陸侵略計画を作った。その計画の実現を彼らは各国の政府を通じて、地球人への提案という形で始めるのだ。彼らの提案は喜んで受け入れられるだろう。

私がアナスタシアに、なぜそこまで地球の政府らの決定に確信を持っているのかと質問したら、次のような答えが返ってきた。

「彼らの分析センターがそう算出したから。センターの結論は正しい。大多数の地球人の今日の意識レベルでは、異星人による提案を、宇宙の知的生命の非常に高い人間性を表すものだと考えるの」

「それで、いったいどんな提案なんだ？」

「ぞっとするようなもの、ウラジーミル。話すのさえも気分が悪いもの」

「教えてくれ、大事なポイントだけでもいいから。ぞっとするような、それでいて俺と君が住んでいる地球が喜んで受け入れる提案があるなんて、興味があるよ」

「異星人はまず、三つの飛行物体からなる小規模の上陸部隊をロシア領土内に送る。彼らを取り囲む軍に対し、協力関係を目的として、政府筋と面会することを希望していると伝える。彼らは軍に、自分たちは宇宙の最高知的生命の代表であると言い、自分たちの技術の優れたところを実演してみせる。

軍、学者、そして政府筋との会合が終わった後、約十四日後に、提案を具体的に固めるように地球人から提案される。でも、彼らと接触することが安全かどうかの確認をまず行うと。

エイリアンたちは確認に同意し、書面とビデオテープで自分たちの提案を表明する。文書は現在の公式文書にとても近い形式で述べられていて、極度の簡潔さが際立つもの。

文書の内容はおよそこんな感じ。

『我々は、銀河における他の知性を有する存在に比べ、最高の技術進化を遂げた地球外文明を代表する者であり、知性において地球人を兄弟とみなしている。

我々は、地球人の共同体と我々のあらゆる分野の科学、社会的設備の知識を共有し、我らの技術を提示する用意がある。

我々の提案を検討し、その中から社会の構成員の生活を向上させるために最も受け入れ可能なものを選び出すことを願う』

その後には、次のような主旨のたくさんの具体的な選択肢が書かれている。

すべての住民に食用の栄養混合物を確実に供給する技術、成人に達した各人に与えるための住居ビルを素早く建設する技術を提示している。そのビルはあなたが既にみたものだけれど、機能はより少ないもの。また、一例として、彼らがその国にミニ工場を建設する。異星の工場と現存の地球の工場を両立させるけれど、五年後には地球のすべての技術はなくなる。それらは技術的により合理的な物に取替えられる。希望する人全員に仕事を確保する。それだけでなく、地球の全住民が一人残らず、必要最小限の労働量で技術装置の保守に従事することを求められる。

異星人との合意に至った国は、他国による軍事的侵攻から完全に防衛される。そして新しい社会的設備と技術的に整備された生活様式の社会では、犯罪性がなくなる。提供される住居で必要な物はすべて、自分の肉声、その人の声質で出される指示だけに反応する。毎日飲食を摂取する前に、部屋のコンピュータが眼球、吐く息の成分、その他のパラメーターで身体の状態を判断し、それに応じた栄養混合物を調合する。

一人ひとりの住居に装備された各コンピュータは、メインコンピュータとつながっている。それによって各自の居場所や肉体的および精神的な状態を把握する。メインコンピュータの特別なプログラムにより、どんな犯罪も簡単に露呈《ろてい》し、犯罪を生む社会的基盤がなくなる。

これらと引き換えに、外来者たちは政府に、自分たちの文明の代表者たちを人間があまり住み着いていない地域、基本的には森林に分散して居住させる。そして希望する人間には、個人の菜園と、彼らの高技術装備住居や一生涯の生活保障とを交換する権利を提示するつもりでいる。

政府は同意する、彼らの見込みでは権力は完全に自分たちに保たれるから。一連の宗派は、外来者が地球に存在するどの宗教をも否定しないことから、外来者は神の使者であると提唱し始める。彼らに神の完全性を見出さない宗教指導者たちも、契約を締結した国の大多数の人が外来者を奉るせいで、彼らに対抗することは不可能。そして他の国々も、外来者との協力関係を目指すようになる。彼らが地球に現れたときから九年後には、すべての大陸、すべての国で新しい生活様式が急速に定着しだし、あらゆる情報チャンネルを通して、技術と社会設備においての新しい成果が次々と宣伝される。人口の大多数が宇宙の知的生命の代表者らを、知性においてより洗練された兄弟として、神々のようなものとして称賛する」

「そして称賛は無駄ではない」私がアナスタシアに指摘した。「地球に戦争や犯罪がなくなることに、何も悪いことはないじゃないか。一人ひとりに住居が、食べ物があるんだ、仕事だって」

「ウラジーミル、本当にわからないの？　異星人たちの条件を受け入れることは、すなわち精神的な、神なる『私』を放棄することを意味している。『私』を自分で殺してしまうことになるの。残るのは物質的な肉体だけ。そして一人ひとりが、ウラジーミル、どんどんバイオロボットに似た物になっていく。そして地球の子どもたちは、みんなバイオロボットとして生まれてくる」

「でも、どうして？」

「一見人々に奉仕しているようにみえるそのシステムのために、すべての人々が毎日奉仕せざるを得なくなる。全人類が罠《わな》にかかっていくの、自分の自由と子どもたちを人工的な技術の完成のために明け渡してしまうことになる。じきに多くの地球人が直感的に自分たちの過ちに気づくけれど、そのとき彼らは自分の生を自殺という形で終わらせるようになる」

「おかしいよ。彼らは何が不足だと思うようになるんだ？」

「自由、創作、そして神の創造物をもって創造するときにだけ感じられる躍動《やくどう》」

「じゃあ、もしいろんな国の国会や政府が異星人たちに合意したいと思わなければ、どうなるんだ？　奴らは人類を壊滅《かいめつ》させ始めるのか？」

「そのとき異星人の頭脳は他の道を探し始める、すべての人を罠に追い込むために。彼らにとって、人類を壊滅させることは意味をなさない。だって彼らの目的は、地球のすべての創造物の相互の結びつき、再生はどのような力で起こるのかを知ることなのだから。人間なしには、それに似たことは何も起こすことができない。地球で、人間自体が創造の調和の鎖《くさり》として最も重要な部分なのだから。それに太陽の光線も、多くの人々が再生しているエネルギーと気持ちの一部。現在の人間の意識を考えると、外来者にとって人間は怖いものではない。そして今既に、多くの地球人が彼らを助けようとしている」

「どうしてだ？　いったい誰が奴らのために頑張っていると？　つまり、人間の中に反逆者がいるってことか？　奴らのために働いている人間が？」

「働いている、でもそういった人たちは反逆者ではない。いつの間にか意図しないうちに彼らに手を貸してしまっているの、悪意もなく、故意でもない。主な原因は、自分自身と神の創造の完全さを信じ切れていないことにある」

「それがどういう関係を持つんだ？」

「単純よ。人間が、自分は完全な創造物でないという意識を受け入れるとき、他の惑星の存在たちの方がもっと強力な知性であると想像する瞬間、自らのその思いがそれらに力を与える。人間自身が自分の神なる力をさげすみ、神でない存在が創ったものに力を与えている。異星人たちは、人間の意識と感情によって生み出されるエネルギーを、既にひとつの複合体に集めることができるようになっていて、それを誇っている。ほらみて、異星人の一団の前にある容器。そこに液体が光っていて、ガスになったり、固体になったりしているでしょう。彼らには、あの小さな容器に閉じ込められたものより強い兵器はない。後であの内容物をたくさんの小さな平たい容器に分け入れる。容器の内壁のひとつは特別な反射鏡になっていて、その装備を首にかける。あなたの前に座っている異星人たちはみんな、既にそれを着けているの。この装備の光線が人間に向けられると、人間の中で恐怖や崇拝《すうはい》、または狂喜の感覚を呼び起こすことができる。そして人間の意志と自覚、それに肉体を麻痺《まひ》させることができるの。その光線の中には、大勢の人間の意識が詰め込まれている。人間の、宇宙に人間よりも強い誰かがいるという意識。人間より、神の創造物である人間よりも！　そしてこういった意識が濃縮され、人間自身を打ち負かそうとしてくる」

「つまり、俺たちが奴らを自分たちよりも賢いと持ち上げれば、自分で奴らに力を与えることになるんだな」

「そうなの。自分たちよりも賢い、それはすなわち神よりも賢いということ」

「なぜここに神が出てくるんだ？」

「私たちはみんな、彼の創造物。銀河の中により完全な世界があると信じるとき、それ自体が自分たちを不完全だと、神の創造が完全でなかったと暗示することになる」

「ああなんてことだ、そのエネルギーは異星人の世界で、もうたくさん集められたのか？」

「あなたの目の前にある容器に入っているものは、それだけで全地球人の思考の四分の三を支配し、人間の感じとる力を服従させるのに十分。彼らはこれで余るくらいだと思っている。それから崇拝させることと地上の文明化を始めるの。そして彼らの勢力を広げる」

「なすすべは何もないのかい？」

「可能性はある。もし私たちがリスクを冒し、彼らの想定外のことをすれば。人間の完全な気持ちの複合体は、たったひとつであっても、常に彼らより強いのだから。その意識は、気持ちを持っていない彼らの知り得ない速さまで加速することができる。あの容器に集められたすべての意識エネルギーを、もっと明るい、自信に満ちた、さらに完全な異なる意識のエネルギーで中和することだってできる」

「アナスタシア、君があの容器に入ったエネルギーを中和することはできないのかい？」

「試してみてもいいけれど、そのためにはここに私の肉体のすべてを集めなければならない」

「どうして？」

「肉体なしでは、私の気持ちの複合体が不完全になるから。物質も人間の次元のひとつだから。肉体があることで、人間は大宇宙の本質たちよりもずっと強力になる」

「じゃあ集めて、容器を壊してくれよ」

「今、何も壊さないで何かしてみる」

するとと、突然目の前に肉体のあるアナスタシアがいた。ブラウスも、スカートも森にいたときのままの姿だ。裸足で床に立っていて、そして光る液体の入った容器の前にどっしりと腰かけている奴らの方へ悠然と歩き出した。奴らは彼女をみた。感情を感じることのできない異星人の表情には何も表れなかったが、奴らは腰かけたまま一瞬凍りついたようだった。その次の瞬間、全員が動き始めた。突然、まるで誰かから指令が下されたかのように立ち上がり、首にかかったペンダントを手に取った。すべてのペンダントが光線を放った。そしてそれらすべての光線が奴らの方に歩いて来るアナスタシアへ向けられた。

彼女は立ち止って少しよろめき、突然小さく一歩後ろへ下がり、再びそこで立ち止まった。微笑んで、裸足で床を踏み鳴らしながら、ゆっくりと、しっかりとした足取りで再び前進した。

ペンダントの光線はアナスタシアめがけて放たれ、彼女のところで合わさりながら、ますます明るくなっていった。私には次の瞬間に光線が彼女の衣服を焦がして灰にしてしまうのではないかと思えた。それでもアナスタシアは前進し続けた。すると突然、彼女は両手で自分の手のひらを前方に延ばし、手のひらに反射させた。するといくつかの光線が消え、他の光線も消え始めた。

異星人たちは変わらず動かないまま、そこに立ち尽くしていた。アナスタシアは容器に近づき、手のひらを容器に押し当て、撫《な》で、何かをささやいた。容器の中の液体は急に泡立ち始め、その後放たれていた光は次第に痩せ細っていき、じきに淡い青色がかった液体になった。地球の普通の水のような。

アナスタシアは壁際に置かれた地球の冷蔵庫のような機械に近づいていった。そこに手のひらを押し当て、何かをささやくと、機械から色がついた四角い錠剤《じょうざい》が吐き出された。それは彼女が持ち上げたブラウスの裾に転がっていった。

アナスタシアは、依然として動けないまま黙って立っている異星人たちのところに歩み寄ると、一番端にいた男にさっきの機械から出てきた錠剤を一錠差し出した。異星人は動揺して一瞬手を伸ばそうとしたが、即刻そのまま石のように固まり、みんなの前に立っていたおそらくリーダーと思われる男を凝視した。アナスタシアは彼の前に三十秒間くらい手を伸ばしたまま立っていた。それからそのリーダーと接するほどに近づき、錠剤を差し出した。リーダーは少しの間をおいて、錠剤を手に取り口に入れた。アナスタシアがその場にいる全員に配って回ると、今度は全員が落ち着いて彼女からの錠剤を受け入れ、食べるか飲み込むかしていた。その後、彼女は奴らに背を向け私がいる方に歩きだし、半分ほど来たところで立ち止り、振り返って、座っている異星人のグループへ向かって手を振った。何人かの異星人が自分の椅子から立ち上がると、彼女に応えて手を振った。

私のところまで来ると、アナスタシアは疲れた声で言った。

「私たちはもう帰らなければ。彼らは意識を加速させる錠剤を飲んだ。ここで起こったことの意味を考えてみるといいわ」

そしてすべてが終わった。私は同じように森の草の上に横になっていて、まるで深い眠りから目覚めたかのようだった。時間はまるでほんの少ししか経っていないかのように感じられたが、身体はしっかり休息をとったような、健康的な深い眠りの後のような感じがしていた。しかし頭は……頭の中身すべてが沸騰してしまっているようだった。まるで同時に様々な思いがあらゆる方向へ流れていくような感じがした。色々な場面、異惑星でみたこと、すべてが完全に私の中に残っていた。あれはいったい何だったのか、夢か？　催眠術か？　それともそれらを合わせたものなのか？　何にせよ、何も……わからなかった。現実として、地球ではない他の惑星の現実をみたということを信じるのは不可能で、私は隣に座っているアナスタシアに問うた。

「あれは何だったんだ、夢か？　催眠術か？　全部覚えているし、今はなんだか頭の中が混乱しているよ」

彼女は答えた。

「あなたの好きなように自分で判断して、ウラジーミル、どんな力で他の惑星の光景が現れたのか。不安に感じるのならば、夢をみたということにしてもいい。そんなことに意味はないから。意味は本質にあるの。みたことから得られた結論と気持ちの本質に。そのことについて思ってみて。私は少しの間離れているから」

「ああ、そうだな、君は行ってくれ。俺は少し自分で考えるよ」

一人っきりにされるやいなや、私はみたことについて考えを巡らせた。もちろん、催眠状態か何かの夢をみたのだと結論づけた。

アナスタシアは何歩か歩き、突然振り返った。そして再び私の方へ歩いて来ると、自分のブラウスのポケットから何か取り出し、手のひらを広げて私に差し出した。私はみたのだ。その手のひらには……手のひらには、おかしな一粒の錠剤が、私が異惑星でみた錠剤がのっていた。

「取って、ウラジーミル。そして怖がらないで飲み込んで。それは地球の草を使って、あの惑星で作られているの、私たちがいたあそこで。十五分くらいの間、意識を速める手助けをしてくれるから、あなたも速いスピードでこの意味を理解することができる」

私は差し出された手のひらにのった小さな錠剤を取り、そしてアナスタシアが行ってしまってから、それを飲み込んだ。

# 人々よ、自分の祖国を取り戻せ

祖国についてアナスタシアの話すことは、私には初めよくわからなかった。彼女の見解は正気でないようにさえ思えた。しかし後になって……今もそれらがひとりでに思い起こされてしまう。思い出すのは、惑星間戦争も地球内の戦争も、そしてギャングもいなくなり、健康で幸せに子どもたちが生まれてくることができるような世界にするためには何をすべきなのか、という質問に対して彼女が答えたときのことだ。

彼女は答えた。

「すべての人々に、忠告しなければならない、ウラジーミル。『人々よ、自分の祖国を取り戻して』と」

「『祖国を取り戻して』って……、もしかしたら言い間違えていないかい、アナスタシア？　誰にだって祖国はあって、ただみんながそこに住んでいるわけではないだけだ。『祖国を取り戻す』のではなくて、『自分たちが祖国に帰らなければならない』、君はこっちが言いたかったんじゃないのか？」

「ウラジーミル、私は間違えていない。今この星に生きている大部分の人には、祖国がまったくない」

「ないってどういうことだ?! ロシア人にとって祖国はロシアだし、イギリス人にはイギリスだ。みんなどこかで生まれて、そしてつまり、その人が生まれた国が祖国と呼ばれているんだ」

「あなたは祖国を、誰かによって制約された国境で判断しなければならないと考えるの？」

「他にどうやって？ そうなっているじゃないか。すべての国に国境がある」

「でも、もし国境がないとすれば、あなたは自分の祖国を何で判断するの？」

「生まれた場所さ、町とか村とか。ひょっとしたらその場合は、地球全体がみんなにとって祖国になるかもしれないな」

「地球全体が、地球に住む一人ひとりにとっての祖国になり、そして大宇宙のすべてが地球に住む人間を愛撫するには、すべての次元空間を一点へと結集させることが不可欠。その一点を自分の祖国と名づけ、そこに自分で、あなたの愛の空間を創造する。大宇宙の最善のものがその愛の空間に触れるようになる、あなたの祖国である次元空間に。そしてその一点を通して、あなたは大宇宙を感じる。比類なき力を手にする。他の世界もそのことを察知する。神が、私たちの創造主が望んでいた通りに、すべてがあなたに仕えるようになる」

「もっと簡単に話してくれたらいいんだが、アナスタシア。俺は次元空間とか、どうやって結集するとかまったくわからない。自分の祖国と呼んでもいい一点のことも」

「それじゃあ、誕生のことから話を始めなければならないわね」

「まあ、誕生からでいいさ。ただし単に話すんじゃなく、現代人にもわかりやすいように話してくれよ。例えば現代の状況の中で、すべての子どもたちが幸せに生まれてくるためには、どのように家庭を築き、子どもをつくり、そして子育てをするべきなのか。君はどんなふうに思い描いているんだい？　そういう構図を作るか、様子を描くことはできるかい？」

「できる」

「じゃあそうやって話してくれ。ただし、森での生活のことや理解不能な形象学とかはだめだぞ。そんなものは誰も知らないんだから、君だけが……」

私は話を続けることができなかった。頭の中に、ひとつではなくあまりにたくさんの疑問が、まるで激流のように押し寄せてきたのだ。その主なものは、なぜ私は、タイガの女世捨て人が私たちの生活について話すことに興味を引かれるようになったのか？　彼女はどうして私たちの生活の細部のみならず、大勢の人々の内面的経験についても知り得るのか？　あのよくわからない形象学というものにどんな可能性があるのか？　というものである。私はじっと座っていられなくなり、立ち上がって行ったり来たりし出した。落ち着くために、そして信じ難《がた》いことを認識し理解するために考えを巡らせ始めた。〝杉の木の下に穏やかに若い女が座っている。ゆっくりと草を撫でたり、彼女の手を這う何かの虫を注意深くみつめたり、しばらく考え込んだりしている。彼女はめまぐるしい都市や国の生活から遠く離れたタイガの中でこうして座っている。戦争や、文明化された世界のあらゆる激変からも離れて。でも、もし彼女が完全にその形象学を知っているとしたら？　彼女がそれによって人々に影響を及ぼすことができるとしたら？　社会に対して政府や国会や多くの宗派よりも強く影響を及ぼすことができるとしたら、そうしたらどうなるだろうか？　信じ難い！　幻想的な話だ！　しかし……現実に、このことを証明する具体的事実があるじゃないか。信じ難い事実！　しかし現存する事実なのだ〟

彼女は私に、短期間で複数の本を書くことを教えた。そのために彼女が必要としたのは、たったの三日だった。絶え間なく情報をひたすら私に浴びせ続けていたのは、彼女なのだ。信じ難いが、でも事実である。本は、宣伝もしないのに軽々と都市や国の境界を越えて行った。本の中に彼女の思い描いたイメージがあった。そのイメージは、未知の方法で人々に影響を与え、彼らに創作への高揚感《こうようかん》を呼び起している。何千もの詩句が、何百ものバルドの詩《うた》が、彼女の織り成すイメージに捧げられた。それだけではない、彼女はこのことを事前に熟知していたのだ！　一冊目の本の中で、私はこの点に関する彼女の発言を引用した。まだ何ひとつ現実になっていなかったときに。あのとき、彼女の言葉は信じ難いうわ言か幻想のように聞こえた。しかしすべてが、彼女の言ったまさにその通りに起こったのだ。そして今も、私がこの文を書いている今も、信じ難い出来事がさらに起き続けている。

一九九九年七月に出版社「プロフプレス」によって、読者からの手紙や詩を集めた五百ページにわたる作品集が出版された。作品集は七月に出版されたのだが、七月は出版業者にとっての閑《かん》散《さん》期《き》とみなされている。しかし信じ難いことが起こった。一カ月の内に一万五千部が完売したのだ。

さらに一万五千部が増刷されたが、これも瞬く間に売れていった。この出来事はメディアが仕掛けるセンセーションほど人の注意を引くものではないが、ことの背景にある奇《き》異《い》さは、いわゆるセンセーションというものの枠を完全に超えているのだ。その背景は信じ難い。アナスタシアの思い描いたイメージが、社会の意識を変えているということはとても信じ難いことだ。

読者は行動の必要性を感じている。ロシアやその向こう側の人々が自主的に読者集会やセンターを組織している、それらに彼女の名前をつけながら。

ノヴォシビルスクの製薬会社は、彼女が話していたシベリア杉の実のオイルを生産している。ノヴォシビルスク州の小さな村では、地元住民が道具を復活させて、彼女の話した製法により薬効オイルを作ろうとしており、都市部から援助もされている。

彼女が話していたのだ、シベリアの村が復興すると。子どもたちが親の元へ帰ってくると。

彼女は、巡礼者たちの流れを海の向こうの聖地から祖国へと動かしている。この二年間でゲレンジーク市郊外にある複数のドルメン（＊約一万年前の古代の巨石建造物。ドルメンを訪れる人々に叡智を伝える役目を担う。現在、学術的には支石墓と解釈されている。二巻を参照）を五万人以上の彼女の本の読者が訪れている。以前は忘れ去られていた聖地の周りに、今は人々が花を植え、庭園を造っている。色々な都市において、杉やその他の植物を彼女の方法に従って植えている。トムスク州政府首脳の決定により「シベリア野生植物」という企業が設立された。彼らによって、モスクワに四千本もの杉の苗木が送られている。

学者たちが彼女について話している。彼女の生き生きとした完全な実体であるイメージが、ロシアの上空を飛び交っているのだ。いや、これはロシアだけではない。

カザフスタンの女性たちは、アナスタシアについての映画を撮影するために資金を集めている。こんなことがあるだろうか。カザフ人の女性たちが、シベリアの女世捨て人についての映画があってほしいと願うのだ！

人々をどこかへと動かしているのは、彼女の描いたイメージなのだ。どこへ？　どんな力で？　誰が彼女を助けている？　彼女が何か信じ難い未知の力を擁《よう》している可能性はある。しかし、なぜ彼女は依然として自分の草地に残り、虫たちとたわむれているのか？

現在、いわゆる有識者たちが、彼女が本当に存在するか否かを議論している間に、彼女はただ行動している。その行動の結果は、目でみて、触って、味わうことができる。この形象学というのは、何を示すものなのだろう？

これらの考えは、タイガの中で少し私を怯えさせた。できるだけ早く覆《くつがえ》したかった、または確信を得たかった。しかしそばには彼女しかいない、問うことのできる相手は彼女だけだ。

今、訊こう……彼女は嘘をつくことができない……今、訊くのだ。

「アナスタシア、教えて……教えてくれ、君は形象学を完全に熟知しているのか？　君は古代のあの神官たちの知識を持っているのか？」

私は動揺しながら彼女の答えを待っていた。しかし動揺もなく、淡々とした声が返ってきた。

「先祖の父があの神官たちに教えたことは知っている。それと神官たちが父に言わせなかったことも。そして私はさらに新しいことを、自分で知ること、感じることを求めていた」

「今わかったよ！　推測したとおりだ！　形象学の知識を誰よりも習得しているのは君だ。そして自分で自分のイメージを創造して人々に提示した。多くの人にとって、君は女神で、善なる森の妖精、救世主なんだ。そうやって君のことを読者たちが手紙に書いている。君はプライドという傲慢や自尊心、そしてエゴは大きな罪だと俺に言った。誠意をもって俺はすべてを隠すことなくありのまま書かなければならないと。そして俺は出来損ないの人間として人々に映った。でも君自身は誰よりも高く称賛された。そして、そうなることを君は予め知っていたんだ」

「ウラジーミル、私はあなたに何ひとつ隠さなかった」

アナスタシアは草から立ち上がり、私の目の前に立った。両手は下ろしたままで私の目を見据えたまま続けた。

「私のイメージはまだみんなに理解してもらえるものではない。でもそれは今だけ。もうひとつのイメージが人々の前に現れる。そのとき、私のイメージも残っている。私のイメージは掃除婦に似たものになる、最も大切なことからクモの巣を取り払うだけの」

「クモの巣ってどんなものだ？　はっきりと言ってくれ、アナスタシア、他に何を創造しようとしているんだ？」

「人々の前に、神のイメージを生き返らせたいの。神の偉大なる夢を、みんなにとって理解できるようにしたい。神の希求《ききゅう》は、生きている人はだれでも愛を通して感じられるようになる。まさに、今日のこの生活において人は幸せになれる。現在の人々の子どもたちがみんな、神の楽園に暮らすの。私一人ではない。あなた一人でもない。楽園はみんなの創造として現れる」

「待て、待ってくれ。今俺はわかっている。君の言葉はあらゆる教えを壊してしまうんだ。あらゆる本の著者やその追随者《ついずいしゃ》たちが君に襲いかかるだけじゃなく、俺のことも罵《ののし》るんだ。なんで俺がそんな問題に巻き込まれなきゃいけないんだ？　君が神について話すことを全部書くつもりはないからな」

「ウラジーミル、あなたはただ、目の前に現れると想像した、自分でもわからない相手との闘いを怖れているだけ」

「いや全部理解しているさ。いろんな宗派を率いている奴らが、きっと襲いかかってくるんだ。自分たちの狂信的な追従者を、俺に向けてけしかけてくるんだ」

「ウラジーミル、あなたは彼らではなく、自分自身を怖れている。あなた自身が、神の前に立つことを恥じている。自分の新しい生き方を信じていない、変えられないものとみなして」

「なんでそこで俺の話になるんだ？　もう一度繰り返す、聖職者たちのことだ。既に彼らのうちの多くが君の発言に反応しているんだ」

「それで、彼らはあなたになんと言っているの？」

「いろんなふうに言っているさ。悪く言う人もいれば、逆にある正教の司祭は、ウクライナから教徒たちを連れて俺のところに来た、君の発言を支持するために。でも彼はたかが農村の司祭だった」

「あなたのところへ来た司祭が農村からだと、どうだと言うの？」

「他の地位の高い司祭だっているだろう。みんながそういう連中の言うことに従うんだ。すべては彼ら次第なんだ」

「でも、その地位が高いという司祭たちも、昔は小さな教会で仕えていたでしょ」

「それは重要なことじゃない。どっちにしたって俺は書かない。誰か立派な教会の指導者が……。そうさ、俺は何を言っているんだ、君は全部自分で予め教えることができるじゃないか。さあ、教えてくれ、誰が反発して、誰が君を助けるのか。それに、誰でもいいから援護を始めるような人がみつかるかい？」

「どんな位の司祭であれば、あなたを勇気づけることができるの、ウラジーミル？」

「首司祭や主教以上で、誰か名前を挙げられるかい？」

彼女はほんの一瞬だけ、まるで時間と、同時に空間をみつめるかのように考え込んだ。

そして信じ難い答えを発した。

「もう助けてくれた、神について新しい表現で話したローマ法王ヨハネ・パウロ二世が」アナスタシアは答えた。「キリストとマホメッドのイメージは、彼らのエネルギーを空間においてひとつにする。他のイメージもそれとひとつになっていく。他にも、正教の総主教がみえる。彼が言ったことが何世紀にもわたって読まれるものになる。でも何よりも重要なのは、一見普通の人々が、インスピレーションを受けて高揚するということ。あなたには彼らの地上の地位が大事だけれど、この世では真理が何よりも大事なもの」

そしてアナスタシアは黙った、目を伏せて、まるで何かが彼女を傷つけたかのように。まるで何かの塊が喉元までこみ上げたかのように。彼女はそれを飲み込んでため息をついた。

それから付け加えて言った。

「どうか許して、あなたの心にとってわからないことをたくさん言うけれど。今はうまくいかない、でももっとわかりやすくなるように努力する。あなたはただ人々に話してほしい……」

「何を？」

「何千年にもわたって、人々から覆い隠されてきたことを。誰でも、一瞬のうちに創造主による原初の園に入り、創造主と手を取り合って美しい共同の創造を重ねていくことができることを」

私は彼女の中で不安が育っていくのを感じた。そして自分でもなぜか不安になり始め、言った。

「心配するな。話してくれ、アナスタシア、俺は理解して書くことができるかもしれない」

その後彼女が話して聞かせたことは、極限まで具体的であり簡潔だった。後になって彼女の言葉を分析し、そして思い出しながら私は理解し始めた。『人々よ、自分の祖国を取り戻して』という彼女の言葉には何かがある。それもかなり重要な意味があるかもしれないということを。一方、森にいたときには、私はアナスタシアにこう質問を返した。

「そのことがどうやって起こるかはわかった。君がもし簡単に千年も昔の生活を描き映すことができるとしたら、それはつまり、君はすべての宗教の教えや教義や思想を知っていて、みんなに明示することができるっていうことだね？」

「人々の崇拝を呼び起した教えを知っている」

「全部？」

「ええ、全部」

「じゃあヴェーダ（＊インド最古の文献であり、バラモン教の根本聖典）を完全に訳すことはできるかい？」

「できる。でもなんのためにそんなことに時間を費やすの？」

「だって、君は人類に古代の教えを知らせたいと思わないのかい？　君が話してくれたら、俺は本に書くよ」

「それでどうなるの？　最終的に人類に何が起こるとあなたは考えるの？」

「どうって、人類が賢くなるだろう」

「ウラジーミル、まさにこれが闇の勢力の罠なの。彼らはありとあらゆる教えによって、人間が大事なことをみえないようにしようと欲しているのだから。真理の一部を、単に思考のための教義として描き出させて、大事なことを一生懸命に遠ざけているの」

「それじゃあ、いったいなぜ教えを説く人たちのことを人々は賢人と呼ぶんだ？」

「ウラジーミル、もしあなたが許してくれるならひとつ寓話を紹介させて。このたとえ話は、千年前に人目のつかないところで賢人たちがお互いにささやき声で伝え合ったもの。何世紀もの間、誰も聞いたことのない話なの」

「その話が何かを説明できると思うのなら、話してくれ」

# 二人の兄弟（寓話）

いつの時代であったかはまったく重要ではないが、一組の夫婦が住んでいた。彼らには長い間子どもができなかった。高齢になってから妻は二人の息子を、双子の男の子、二人の兄弟を産んだ。難産のため、女は二人の子どもを産むと間もなくこの世を去ってしまった。

父は乳母を雇い、子どもたちを慈しみ育み、十四歳になるまで育て上げた。しかし息子たちが十五歳になる年の初めに、父親は死んでしまった。父を葬り、二人の兄弟は深い悲しみの中、部屋に座っていた。二人の双子の兄弟。この世に生まれ落ちたときの三分の時間差が二人を分け、一人が兄、もう一人が弟となった。深い悲しみの沈黙の後に、兄が口を開いた。

「我らの父は、死の床で、人生の叡智を我らに伝えられなかったことを嘆いていた。叡智なくしてどうやって我らは生きていけるだろうか、弟よ？　我らの一族は、叡智のない不幸な一族として続いていくのだ。父親から叡智を受け取ることができた者たちが、我らのことを笑うかもしれない」

「悲しむな」弟が兄に言った。「兄さんはしばしば黙想にふけっていることがある、ともすれば時間が、兄さんに黙想の中で叡智を得ることを許すかもしれない。私は兄さんが言うことをなんでもしよう。私は黙想なくとも生きることができる、どうあっても私には生きることが愉しいのだ。私は、一日が始まるときも夕日が沈むときも嬉しいのだ。私はただ生きる、仕事に精を出す。兄さんは、叡智を得るのだ」

「そうしよう」兄は弟に答えた。「ただし、家にいては叡智を探し出すことはできない。誰もここにはそれを残さなかったし、それを我らのもとへ持って来る者はいない。しかし私は決めた。私は兄である。我ら二人のために、一族が幾久《いくひさ》しく続くように、世界にあるすべての叡智を探さなければならないのだ。探し出し、我らの家へと持ち込み、一族の子孫たちと我らにもたらそう。父母から受け継いだ高価な物を持ち出し、それで世界中を、あらゆる国の賢者たちを回ろう。彼らのすべての学問を知り、そして我らが生まれたこの家へ戻ろう」

「長い道のりになるだろう」弟は思いやるように言った。「我らには馬がある、馬と馬車を持って行け。役に立つものは何でも持って行くがいい、道中困ることがないように。私は家に残り、賢人となった兄さんを待っていよう」

兄弟は長い間離ればなれとなった。何年もの月日が流れ、賢者から賢者へ、寺院から寺院へと、東の教え、西、北、そして南の教えまで兄は得た。彼の記憶は大変優れており、鋭い知能ですべてを素早く容易《たやす》く記憶していった。

六十年近くの間、兄は世界を歩き回った。髪も髭も白くなった。探求心あふれる男はくまなく旅して回り、叡智を得た。そして白髪のさすらい人は、人々の間で最も賢明な者とみなされるようになった。弟子たちが彼の後ろに群をなして続いた。彼は求める者たちに惜しみなく叡智を授けた。若者も年寄りも、感嘆しつつ彼に耳を傾けた。そして彼の行く先々で偉大な評判が先を行き、道中の村落には偉大な賢者が到着することが通達された。

栄光の輪の中で、媚《こ》びへつらう弟子たちの一群に囲まれながら村へ近づいた。十五歳の若者の頃に離れた、六十年間帰ることのなかった生家のある村へ、白髪の賢者は少しずつ近づいていった。

村の人々はみな、彼を迎えるべく出てきた。そして彼の弟もよく似た白髪をはやし、歓喜して迎えに走り出て、兄弟である賢者の前に頭《こうべ》を垂《た》れた。そして感極まってささやいた。

「賢者の兄よ、私に祝福を。我らの家に入れ、私が長旅の後の兄さんの足を洗ってやろう。我らの家に入るがいい、賢い兄よ、そして休むがいい」

賢者は堂々たる振る舞いで、弟子たちに丘の上に残って出迎えの村人たちからの貢物《みつぎもの》を受け、賢明なる対話に応じるよう命じた後、弟について家に入った。堂々たる白髪の賢人は、百姓家の広間の一面を占める机の前に腰かけた。弟は温かい湯で彼の足を洗い始め、兄である賢人の言葉を聞いていた。

賢人は話した。

「私は自分の義務を果たした。偉大な賢人たちの教えを学び、自分の教えも説いた。私は家には長く留まらぬ。他の者たちを教えることが私の運命なのだ。しかし私はお前に、この家に叡智を持ち帰ると約束した。約束を果たすため、私はお前のところに一日いよう。その時間に最高の叡智の真理を、私の弟であるお前に伝えよう。まず第一に、すべての人々は美しい園に暮さなければならない」

美しい刺繍《ししゅう》が施してある清潔な布で足を拭き、すべてが兄に喜ばれるようにとせわしなく動きながら、弟は彼に言った。

「机の上にある果実の味をみるがいい。我が家の園でとれたものだ。兄さんのために私が一番良い実を選んでとったのだ」

果実は様々な種類の素晴らしいもので、賢人は思慮深く味わい、話を続けた。

「地上に生きる人間一人ひとりが、自分で先祖の木を育てなければならない。死ねば、その木が彼の子孫たちによい思い出として残るのだ。その木は子孫たちが呼吸するために空気を清めるだろう。我らみなが良い空気で呼吸をしなければならないのだ」

弟は慌てだし、せわしない様子で言った。

「許せ、賢い兄よ、私は窓を開けるのを忘れていた。兄さんに新鮮な空気を吸わせるために」彼はカーテンを開き、窓をいっぱいに開け放ち、言葉を続けた。「そら、二本の杉の木から空気を吸うがいい。兄さんが出発したあの年に私が植えた木だ。苗木のための一つ目の穴は私の鋤《すき》で掘り、二つ目の窪《くぼ》みは、我らが子どもの頃に兄さんが遊んでいた鋤で掘ったのだ」

賢人は思慮深げに二本の木を眺め、それから続けた。

「愛とは、偉大なる意識である。すべての人々が最愛の人と人生を送れるとは限らない。偉大なる叡智がある。誰もが日々、愛に向かって進むべし」

「おお、なんと賢明なのだ、我が兄よ！」弟は叫んだ。「偉大な叡智を兄さんは知った。そして私は兄さんの前にうろたえ、許せ、妻さえも紹介せぬままであった」そして扉の方へ向かって叫んだ。「ばあさんや、どこにおるのだ？　私の飯炊きさんや」

「ここにおりますよ」戸口に朗らかな老婆が、湯気の立ったピローグ（＊ロシアの伝統的なパイ）をのせた皿を持って姿をみせた。「ピローグに手を取られていましたの」

机の上にピローグを置き、朗らかな老婆はおどけて、二人の兄弟の前で右ひざをかがめて滑稽《こっけい》なお辞儀をしてみせた。そして弟、自分の伴侶のそばへ近付き、半ばささやくように話した。しかし兄にもそのささやきは聞こえていた。

「それはそうと、ごめんなさいね、あなた。私はすぐ部屋を失礼するわね。ちょっと横にならなければ」

「何を言っているのだ、だらしないではないか、急に休むなどと言い出して。大事なお客なのだぞ、私の実の兄弟なのだ。それなのにお前は……」

「私のせいではありませんよ。目がまわるの、そしてちょっと吐き気もするんですよ」

「おや、いったいどこからそんなものがお前に、働き者の女に訪れるのか」

「もしかしたら、あなたのせいかもしれませんよ、たぶんまた子どもが生まれるんですよ」老婆は立ち去りながら笑って言った。

「我が兄よ、許せ」弟はきまり悪そうに兄に謝った。「叡智の価値を知らぬのだ。彼女はいつも陽気でおった。年をとってなお陽気な女のままでおる」

賢人はより長く思慮にふけっていた。彼の黙想を、子どもたちの声が破った。子どもたちの声を聞き、賢人は言った。

「偉大なる叡智を知ることを、一人ひとりが目指さねばならない。子どもたちを幸せで正直に育てるにはどのようにすべきか」

「話してくれ、賢明なる兄よ、私は子どもや孫たちを幸せにすることを熱望しているのだ。そら、入ってきたぞ、私の騒々しい孫たちが」

六歳に満たない二人の男の子と四歳くらいの女の子が戸口の前に立ち、言い合いをしている。早く子どもらをなだめようと、弟は急ぎ口調で言った。

「お前たち、何があったのか素早く話してみなさい、騒々しいではないか。そして私たちが話をするのを邪魔しないでおくれ」

「あれ」小さい方の男の子が叫んだ、「一人のじいちゃんから、二人のじいちゃんになった。どっちが僕たちのでどっちが違うか、どうやったらわかるの？」

「ほら、こっちが私たちのおじいちゃまよ、わからないの？」

兄弟の弟の方へ、小さな孫娘が駆け寄り、脚へ頬を押し当て髭を引っ張りながら、おしゃべりを始めた。

「おじいちゃま、おじいちゃま、私ひとりでおじいちゃまのところに急いで来たのよ、踊りを覚えたから、みせに来たの。お兄ちゃんたちは私の後について来たんだから。一人はね、おじいちゃまとお絵かきしたいんだって。みて、板とチョークを持って来たわ。もう一人はね、木笛とね、あし笛を持って来たの。おじいちゃまにあし笛を吹いてほしいって、それに木笛も吹いてほしいんだって。おじいちゃま、おじいちゃま、私が一番におじいちゃまのところに行くって決めたの。お兄ちゃんたちにそう言って。お家に帰れって言って」

「ちがう、僕が初めにお絵かきしようと思って歩いていたんだ。後で兄ちゃんが一緒に行くって決めたんだ、笛を吹きに行くって」薄い板きれを持った男の子が意見した。

「おじいちゃまたち二人で決めてね」孫娘がさえずる。「私たちの中で誰が一番に歩きだしたか。私が一番だったって決めてね、じゃないと悔しくてしくしく泣いちゃうわ」

賢人は微笑みと寂しさを込めた目で孫たちをみつめていた。答えを思案しながら、賢人は額のしわを伸ばすようにさすっていたが、何も言わなかった。

弟は気疲れし、間が長引くのを止めた。思案することもなく素早く子どもの手から木笛を取り、言った。

「お前たちに喧嘩《けんか》するようなことは何もないぞ。さあ踊りなさい、美人さん、私の踊り子さんや。私は踊りに合わせて木笛を吹こう。あし笛で私の小さな音楽家が演奏を助けてくれるのだ。画家よ、お前は音楽の音が奏でるものを描きなさい。それにバレリーナが踊る姿を描くのだよ。いいかい、じゃあ今みんなで一斉に始めるぞ」

弟は木笛で陽気な美しいメロディーを奏でた、そして孫たちはみんな夢中で一斉に彼に続いた、自分の得意なものを繰り出しながら。あし笛で、後の有名な音楽家は偉大なるメロディーに遅れないようについていった。バレリーナのように女の子は飛び跳ね、顔を満面に赤らめ、嬉々《きき》として踊りを紡いだ。未来の画家は嬉しそうに絵を描いていた。

賢人は黙っていた。賢人は知ったのだ……。陽気なひとときが終わったとき、彼は立ち上がり語った。

「覚えているか、我が弟よ、父の鑿《のみ》と金槌《かなづち》を。それを私にくれぬか、私は自分の重要な教えを岩に刻みたいのだ。私は出ていく。おそらくもう戻らないだろう。私を引き止めるな、そして待つな」

兄は去った。白髪の賢人は弟子たちを伴って岩へ近づいた。細道がその岩を迂回《うかい》し、さすらい人らを彼らの生家から遠い果てへと呼び招いていた。昼が過ぎ、夜が訪れた。白髪の賢人は岩を叩き続け、詩を刻んだ。白髪の老人が刻み終え、弟子たちは岩に書いてある詩を読んだ。

『何を探すか　さすらう者よ　すべてを手にし　新しきを知ることなく　一足ごとに失う者よ』

アナスタシアは話し終えて黙り、問いかけるように私の目をみた。〝このたとえ話から何かわかったか？〟とおそらく思っているのだ。

「アナスタシア、俺がこの寓話から理解したことは、兄が話していた叡智は全部、弟が人生の中で具体的に実現していたということだ。でもわからないのは、誰が弟にこういったすべての叡智を授けたんだ？」

「誰も。すべての大宇宙の叡智は、一人ひとりの人間の魂に、永遠に宿っている。魂が創造されたその瞬間から。賢人たちはしばしば勿体《もったい》ぶっているだけで、自分の都合のいいように、大切なことから魂を遠ざけているの」

「大切なことから？　じゃあ大切なことって、どこにあるんだ？」

# 今日《きょう》にも自分の家を建てることができる

「大切なことはね、ウラジーミル、誰もが今日《きょう》にも自分の家を建てることができる、ということ。自分に神を感じ、楽園に暮らすことができるということ。ただ一瞬が、今日、地球に生きる人々を楽園から引き離してしまう。一人ひとりの内面に自覚がある。社会通念が自分の自覚を邪魔しないとき……そのとき、ウラジーミル、みて……」

アナスタシアは急に陽気になった。彼女は私の手を取って、そして土が露出した湖岸の方へ私を引っぱり歩きながら、早口で話し出した。

「今に、あなたはすぐ全部理解する。そしてみんなが理解するの、私の、あなたの読者たちが。彼らは自分で地球の本質を判断する。自分の使命を自覚する。今、ウラジーミル、今、意識の中で家を建てましょう！　あなたも私も、そして彼らみんなも。断言する、私を信じて、一人ひとりの意識が、神の意識に触れるの。楽園への扉が開かれる。行きましょう、早く行きましょう。小枝で湖岸に描くから……未来にあなたの書いた文章に触れる人たちと一緒に、みんなで家を建てるの。人々の意識がひとつに合わさるの。神の能力は人間の内にあって、意識されたことは現実になる。そして、地上に建つ家はひとつではない。そういった家に暮らす一人ひとりがすべてを自覚することができる。神の夢のほとばしる希求を自分で感じ、そして理解することができるの。共に家を建てましょう！　彼らも、私も、あなたも！」

「アナスタシア、待ってくれ。現代の人間が住む家には、本当にたくさんの様々な家の設計があるんだよ。君がまたひとつありきたりな設計図を提案することに、いったいどんな意味があるっていうんだ？」

「ウラジーミル、私の話をただそのまま聞かないで。私が思い描くことを感じとってほしいの。そして自分の頭の中で設計図を最後まで描いてみて。そして誰もが私と一緒にそれを描けばいい。ああ神よ！　人々よ、どうか、せめて試してみてほしい、お願い！」

嬉しそうな興奮の中で、アナスタシアはまるで身体を震わせているかのようだった。人々に訴え、そして私の中で彼女の設計へのより大きな興味が湧いてきたのだった。そして初めは、私にはそれが単純なものに思えた。しかし同時に、世捨て人アナスタシアの風変わりな秘密が、みんなの前に姿を現しつつあるかのような感じがあった。秘密のすべては、そのたぐい稀《まれ》なシンプルさの中にあり、もしも順序立てるとすれば、まさに以下のように響く。

「まず初めに、地球上の入手可能で好ましいと思われる場所から、自分の気に入った場所を選ぶの。自分が暮らせたらいいなと思うような場所を。自分の子どもたちも暮らしてほしいと願うことのできる場所を。そして自分の曾孫たちにとってあなたの好い思い出となる場所。その場所の気候は、あなたにとって快適でなければならない。そこに永きにわたって一ヘクタールの土地を自分のものとして持つの」

「しかし、土地を持つなんて、今は簡単に自分の願い通りにはいかないさ。今売られている土地は、地主たちが売りたいと思う土地だけなんだ」

「ええ、残念ながらそうなっている。祖国は広大だけれど、そこにあなたの子どもたちや子孫たちのために、楽園の一画を創るためのあなたの土地は、一ヘクタールすらない。それでもみんなが始めるときが来たの。存在するすべての法律の中から、最大限都合の良いものを活用すればいい」

「すべての法律なんて、もちろん俺は知らない。でも断言する、土地を一人の人が永遠に所有することを認める法律なんてないよ。農場主たちになら何ヘクタールも貸し出されることはあるが、九十九年以上にはならない」

「それなら、初めはもっと短い期間でもいい。でも早急に法律を作らなければならない。祖国に各自が土地を持つように。国の繁栄がそれにかかっている。もしもきちんとした法律が存在しないのであれば、それを作らなければならない」

「言うは易し行うは難しだ。法律は国会で作られる。国会は法律に何かしらの改正をしたり条文を書き加えなければならないだろう。でも国会では、政党同士が争っていて、彼らが土地の問題を解決するなど到底できやしないんだ」

「もし、一人ひとりに祖国を与える法律を発効させることのできる政党が今ないのなら、そういう政党を作る必要がある」

「誰がそれを作るんだ？」

「家について綴られた箇所を読み、一人ひとりにとって、今日生きている人間一人ひとりにとって、そして地球全体の未来にとって、祖国が何を意味するのかを自覚した人」

「わかった、政党のことはもういい。君のその特別な家について話してくれた方がいい。君が設計デザインにどんな新しいものをもたらすことができるのか興味が湧いてきた。想像してみようじゃないか、誰かが一ヘクタールの土地を持っているとする。楽園ではなく、雑草でぼうぼうになった土地だ。きっとそれより良い土地なんて貰《もら》えないからな。そしてその男は自分の一ヘクタールの土地に立っている。さあ、その後はどうなる？」

「ウラジーミル、自分で考えて、自分でも想像してみて。もしあなたが自分の土地に立っているとしたら、何をする？」

# 塀

「初めに……まず初めに、もちろん塀で囲むよ。じゃないとコテージを建てるための資材を持ち込みだしたら、誰かに盗まれてしまうかもしれないからな。それに種を蒔いても、後で作物を盗まれてしまうかもしれない。それとも何か、君は塀には反対かい？」

「いいえ。動物たちだって自分の縄張りにはマーキングする。でも、いったいなにで塀を作るの？」

「『なにで』って？　板さ。いや待て。板だと少々高くつくかもしれない。とりあえず柱を立てて、有刺鉄線をその区画に張りめぐらすよ。それで後から板で囲む、塀の中でやっていることがみえないように」

「それで、板の塀は修理せずに何年ぐらいもつの？」

「良い木材で、ペンキやニスを塗ったりして、柱も地面にある部分にタールを塗っておいたら、修理なしで五年くらい、もしくはもっと長く立っているさ」

「その後は？」

「その後は修理するのさ。塀にペンキを塗らなきゃならない、腐食しないように」

「つまりあなたは、いつも塀のためにあくせく働かなければならなくなるってことね。あなたの子どもや孫たちにだって、もっと手間をかけさせてしまう。子どもたちに骨折りさせなくてもいいように、彼らの眼差しを腐りゆく建物で曇らせないように作る方が良くないかしら？　もうちょっと考えてみましょう。塀を強く長持ちするものにするためには、あなたの子孫たちがあなたを好い言葉で思い出すようになるためには、どうしたらいいのか」

「もちろんさ、塀をもっと長持ちさせることに越したことはない。そんなのが欲しくない奴なんかいないさ！　例えば、煉瓦《れんが》の柱と煉瓦の基礎にしてもいい。そして柱と柱の間は鋳鉄《ちゅうてつ》の格子にする。錆《さ》びないんだ。こんな塀だったら百年くらいでも立っていられるだろう。でも、そんなことをやってのけられるのは大金持ちだけだ。一ヘクタールを想像してみろ、全周四〇〇メートルもあるんだ。そんな塀を造ろうと思ったら何十万ルーブルじゃきかない、何百万ルーブルもかかるかもしれない。その代わり、百年、二百年またはもっと長くもつだろうが。一族のイニシャルなんかをつけてもいいかもな。子孫たちはそれをみて、先祖の爺さんを思い出すだろうし、周りの奴らは羨《うらや》むだろう」

「羨むというのはよくない感情。害をもたらす」

「でも、どうしようもないじゃないか。上質な塀で一ヘクタールを囲むことができるような奴はほんのごく僅《わず》かな人たちだけだって言ってるだろう」

「それなら他の塀を考え出さなければいけない」

「他のってどんな？　君は案を出せるのか？」

「例えば、ウラジーミル、後になって朽ちてしまうようなたくさんの柱の代わりに、木を植える方が良くないかしら？」

「木を？　それでどうする、木に打ち付けるのは……」

「打ち付けたりする必要はないでしょう？　ほらみて、森にはたくさんの木が生えている、互いに幹を一・五から二メートルぐらいずつ離して」

「ああ、あるね、生えている……でも木の間には隙間《すきま》がある。塀にはならないよ」

「でも木と木の隙間には通れないような灌木を植えることもできる。よくみて、想像してみて、どんなに美しい塀ができるか。みんなの塀が少しずつ違っているの。そして眼差しは各家の塀にみとれるの。そして子孫たちは、美しい塀を創った人として何世紀にもわたってあなたのことを思い出す。それにこの塀は修理のために彼らの時間を奪うこともない。逆に恩恵をもたらす。ただの囲いだけではない機能を果たすことができる。ある人は塀を一列の白樺で造る。もう一人の人の塀は樫の木で。また他の誰かは創造の高まりで色とりどりの、おとぎ話のような塀を造る」

「色とりどりってどんな？」

「いろんな色の木を植えるの。白樺、楓、それに樫や杉。別の人は真っ赤な色で燃える実の房をつけたナナカマドを編み込んで、間にはガマズミも植える。ウワズミザクラやライラックにも場所を作ってあげるの。だって、全部最初から考えを練ることができるのよ。一本ずつよく考えなければならない、その土地にどんな植物が育つのか、各々がよく観察しなければ。上の方では何がどう育ち、どんな花を春に咲かせ、どんな香りを放ち、そしてどんな鳥たちを惹きつけるのかを。あなたの塀は歌を歌い、かぐわしい匂いを放つ。そして毎日ほんの少しずつ色合いを変えながらその絵を変え、あなたの眼差しは退屈することはない。春には花が咲き乱れ、秋には鮮やかな色で燃えさかる」

「なんと君は、アナスタシア、まるで詩人だな。ただの塀をすっかり変身させちまった！　なあ、俺にはこの方向転換がとっても気に入ったよ。なんでもっと早く誰も考えつかなかったんだ？　ペンキだって塗らなくていい、修理だって要らない。大きく育ち過ぎたら薪にだって使える。そしてその代わりに新しい木を植えて、景色を変えるんだ。まるで絵を描くようにね。ただひとつ言えば、そんな塀を植えるには時間がかかるな。もし二メートルおきに木を植えるなら、二百の窪みを掘って苗木を植えなきゃならない。それに灌木たちもその間に植えなきゃならない。君はもちろん、機械なんて使ってはいけないと言うんだろう」

「逆よ、ウラジーミル。この計画のために機械を否定する意味はないわ。それに闇の勢力によって具現化されたものはすべて、光の勢力に転換する必要があるの。思いついた計画を、生活の中で早く具現化するためなら、プラウ（＊種まきや苗の植え付けに備えて最初に土壌を耕起する農機であり、トラクターの一種）で外周に溝を掘って、そこに苗木を植えることもできる。あなたが木々の間に植えると決めたすべての苗木や灌木の種をすぐに植えてしまうの。そしてもう一度プラウですぐそばを通って土をかける。まだならされていない土ならば、苗木の一本一本の列を整えて、ならせばいい」

「それはすごい、それなら二日か三日で、一人でもまるまる塀を造ることができるな」

「そうよ」

「ただ残念なのは、その塀が成長するまでは、泥棒を防ぐ壁の役は果たせない。成長するまで長いこと待つことになる。そもそも杉や樫は成長が遅いからな」

「白樺やヤマナラシなら成長が早い。間に植える灌木たちも早く育つ。急ぐのだったら、既に背丈が二メートルある苗木を植えてもいいわね。白樺が大きく育ち過ぎたら、切り倒して利用すればいい。切られた木の代わりを育ちゆく杉や樫が務めるの」

「よし、生きた塀はできそうだ。とても気に入ったよ。次だ、君は土地の中のコテージの構造をどんなふうに考える？」

「そうね、まずは土地全体の配置を考えない？　ウラジーミル」

「何のことを言っているんだい？　トマトやジャガイモやキュウリなんかの苗床のことかい？

そうだな、そういうことは普通は女がやるからな。男は家を建てる方だ。俺が思うに、まず大きな家、ヨーロッパ風の豪華なコテージをひとつ建てなきゃならない。子孫たち、孫たちが俺のことをいい言葉で思い出すように。それから使用人のために小さな家をもう一軒。土地が広いからたくさん働き手がいるからな」

「ウラジーミル、もし初めからすべて正しく造ったなら、使用人は必要ない。あなたの身の周りのすべてが、愛をもってあなたに仕える。そしてあなたやあなたの子どもたち、孫たちにも、最上の歓びと愛をもって」

「そんなことは誰にでも起こることではないんだ。君の大好きなダーチニクたち（＊ダーチャと呼ばれる郊外の簡易別荘で自家菜園を作っている人のこと）だってそうさ。彼らが持っているのは五アールや六アールくらいのものだ。そしてそんな土地でさえ、すべての休日には朝から晩まで働いている。こっちは一ヘクタールだ。肥料をやるだけでも毎年少なくとも十台くらいのトラックを要するぞ。

大量の厩肥《きゅうひ》を全体に撒《ま》いて、それから土を全部掘り起こすんだ。じゃないと全部ちゃんと育たないからな。他にも何か肥料を足さなければならない、専門店で売っているような。もしそれをやらなければ痩せた土になってしまう。土壌科学を研究している農学者たちはこのことに詳しくて、ダーチニクたちは経験でこのことに納得しているんだ。土に肥料を与えることに、君が賛成であることを願っているが」

「もちろん、土には肥料を与えなければならない。でもそのために自分に重労働を課すことはないの。神はすべてを予め考え、あなたにとって肉体の単調な骨折りなしに、理想的な方法で、あなたが住みたい土地の土に肥料を与えるようにした。あなたがただ神の意識に触れさえすればいいの。あなたの自分の思考だけで決断せずに、神のシステムの一体性を感じるの」

「じゃあなぜ、今はどこにも、神のシステムで肥料が撒かれていないんだ？」

「ウラジーミル、あなたは今、タイガにいる。周りを見渡してみて、どれほど木々は背高くそびえ立ち、幹は力強いかを。木々の間には草や茂みがある。キイチゴやスグリ……膨大な種類の植物が、タイガでは人間のために生えている。過去数千年の間、一度たりとも人がタイガに肥料をやったことはない。それでもこの土地は肥沃《ひよく》のままでいる。あなたはどう思う？　誰がどうやってこの土地に肥料を与えたと思うの？」

「誰が？　誰がどうやったかは知らないよ。しかし実際、君は立派な実例を挙げたよ。確かに人間の社会に起こっていることはなんだか異様だ。教えてくれ、なぜタイガでは色んな肥料を必要としないんだ？」

「神の意識とシステムが、タイガでは、人間が現在暮らしている場所ほどには妨げられていないからなの。タイガの中では木々から葉が落ち、そして風が小枝を吹き飛ばす。タイガの大地は葉や小枝、そしてミミズのような虫たちによって肥沃になる。そして生えている草たちが土壌の成分を調節している。灌木たちが余分な酸やアルカリを取り除くのを助けてくれるの。落ち葉はあなたが知っている肥料の中でも、何物にも代えられないもの。だって、葉は〝宇宙〟のエネルギーの多くを持っているのだから。葉は、星も、太陽も、月もみてきた。ただみていただけではなくて、それらと互いに交信し合っていたのだから。だから何千年経とうと、タイガの大地は、植物が実を結ぶ土であり続ける」

「でもその土地は、家が建つ土地は、タイガではない」

「そのように設計するの！　自分で様々な種類の木々を植えて森を造ればいい」

「アナスタシア、君がこのまま話してくれた方がいい、その土地の土壌がひとりでに肥えるようになるにはどうすればいいのか。これは大掛かりな仕事だ、他の仕事がたくさん控えているんだからな。畝《うね》を作って、害虫たちと闘って……」

「もちろん、細部にわたって詳しく話すことはできるけれど。でもね、各々が自分の意識を、魂を、そして夢を結集させて造り上げる方がもっといいと思う。一人ひとりが直感的に感じられるわ、自分にとって何がより受け入れ易いか、そして何が子どもたち、孫たちに歓びをもたらすかを。画一的な設計は不可能。設計図は個人的で、まるで創作者、芸術家の偉大な絵画のようなもの。一人ひとりに自分の設計図がある」

「それでも一例として話してくれないか。大体のことでいいから」

「いいわ、そうね、少し図面を描くわね。でも、初めに大事なことを理解してほしい。すべては神によって、人間のために、人間が幸福となるように創られた。あなたは、人間は、周囲のすべてをコントロールすることもできる。あなたは人間なの！　自分の魂で理解し感じ取ることができるはず、何に真の地上の楽園があるのかを……」

「いや、もっと具体的に、哲学なしで。どこに何を植えるか、どこを掘って何をするべきか話してくれよ。どんな植物を植えれば後で高く売ることができるか？」

「ウラジーミル、なぜ今日の農家や農場主たちに幸せがないのか知ってる？」

「いや、なぜだ？」

「彼らの多くが、より多くの収穫を得て、それを売ることに躍起になっている。土のことではなくお金のことをよりたくさん考えている。一族の住処で幸せになれる道を自ら信じずに、都会の人々が幸せであるかのように考えている。信じて、ウラジーミル、魂の内で創られるすべてのものは、必ず外側に反映される。もちろん外側の具体的なことも必要。だからおよその設計図を一緒に描き出しましょう。私は初めだけ、後はあなたが手伝ってね」

「まあいいだろう、手伝うよ。始めてくれ」

「荒れ地に私たちの土地がある。土地は生きた塀で囲まれている。それから土地の四分の三または半分を森に仕立てましょう。色々な種類の木々を植える。残りの土地と森との境界に沿って、低木の中から、動物たちが中を通れないようなもので生垣を造る。そして動物たちが種を蒔いた菜園を踏みつけないようにするの。森の中に、苗木を密に植えて家畜の囲いを造って、後に、例えば山羊が一頭か二頭そこに住まえるようにする。さらに苗木で、卵を産む雌鶏《めんどり》のための隠れ場所も造りましょう。菜園には、二アール程度の深くない池を掘る。森の木々の中には、イチゴの周りにキイチゴとスグリを植えましょう。それから後に木々が少し成長したら、森の中にミツバチのための空の丸太巣箱を三つ置く。暑さを逃れてあなたが友達や子どもたちと話ができるように、木のあずま屋も建てましょう。それに夏用のすがすがしい寝室と、あなたのアトリエも建てましょう。それに子どもたちの寝室や客室も」

「おおそれはいい！　こうなったらもう森じゃなく、宮殿みたいなものだ」

「ただし生きた、永遠に成長する宮殿になる。そうやってすべて創造主が想った。そして人間はすべてに目的を与えることだけをすればいいの。すべてに、自分の好みと意図、そしてそれ自体の意味に合わせて」

「でもなぜ創造主はすぐにそうしなかったんだ？　森の中ではすべてが手当りしだいに育っているじゃないか」

「森はまるで、あなたにとっては創造主の本みたいなもの。もっと瞳を凝らして注意深くみて、ウラジーミル、すべてが父によって本に綴られている。ほらみて、三本の木が互いに五十センチメートルだけ離れて立っている。あなたはあの木を一列に植えて、あのような木をたくさん使って他の色んな形に配置してもいい。木々の間に低木がある。考えてみて、どのようにしたらそれらがあなたの暮らしを愉しいものにしてくれるか。それにほら、自分の周りに草や低木が生えるのを許さない木がある。その木は自分が将来暮らす家のためにどう活用するかを考えておくといい。あなたはすべてに、いわばプログラムを与え、好みに合わせてそのプログラムに修正を加えていけばいい。あなたの土地にあるものすべてが、あなたを愛《いとお》しみ、愉しませ、あなたの子どもたちを慈しみ、そして養ってくれる」

「みんなを食べさせるためには畑を作らなければならないね。でも畑仕事ではどうしても汗をかくだろう」

「信じて、ウラジーミル、畑だってそれほど労働をかけないように作ることができるの。そしてそこではよく観察するだけでいい。森の中ですべてが育っているように、草の間にだって野菜も育つことができるはず、とびきり美味しいトマトやキュウリが。周りの草が刈られていないときの野菜の味は、あなたにとって何倍も心地よく、そしてもっと身体にいい効能をもたらす」

「雑草は？　害虫や虫たちが野菜をだめにしたりしないのか？」

「自然界には役に立たないものはまったくないし、不要な雑草などない。同じように人間に害をもたらす虫もいない」

「いないなんてことがあるか！　バッタや、例えばジャガイモハムシなんかはどうだ。こいつは悪党だ、畑のジャガイモを食っちまうんだぞ」

「そう、食べる。それによって人間に、人間の無知が土の自主性を壊していることをみせている。神なる創造主の意図に矛盾していると。いったいどうして、土をズタズタにしながら毎年同じ場所をしつこく耕すことができるの？　それは文字通り塞がらない傷を鋤《すき》で引っ掻《か》き、さらに傷口から恵みをもたらせと要求するようなもの。ジャガイモハムシやバッタは、あなたと私が描いている土地には介入しない。すべてが偉大な調和の中に育つとき、その中で実った作物は調和のとれたものになる」

「しかし、もしすべてが最終的にそうやってうまくいったら、君の考えの土地では人間は肥料もやらずに、色んな毒や害虫と闘ったり除草したりするために時間を割く必要もなく、すべてがそこで自然に自力で育っていく。すると人間がすることは残っていないのか？」

「楽園に暮らすこと。神がそう望まれたように。そしてそんな楽園を築くことができる人は、神の意識に触れ、そして神と共に新たなる創造を生み出すことができる」

「新たなる創造ってどんな？」

「前のものが創造された後、次なる創造がなされる。さあ、まだ最後まで考えていないところを描いてしまいましょう」

# 家

「丈夫な家も建てなければ。子どもたちや孫たちも住めて、それも問題なく住めるように。煉瓦造りの二階建てのコテージ。トイレもお風呂も、ボイラーもある。こんなものは今ではどんな一般家庭にも取り付けてあるからな。ある展示会に行ったことがあるんだが、そこでみてきたんだ。戸建て住宅の利便性のための色々な設備がたくさん開発されている。それともやっぱり科学技術による物は使う必要がないって言うかい？」

「そんなことない、必要よ。もしもあなたがその物を、すべて善のために働くようにすることが可能なら。付け加えると、あなた方の習慣の中でスムーズに転換することが必要。でも、あなたが建てた家は孫たちには必要ない。成長すれば彼らはそれを理解する。彼らには他の家が必要だと。ね、だからあまり多くの労力を費やしたり、大きくてあまり丈夫な家を建てたりする意味はないということなの」

「アナスタシア、君はまた何か企んでいるな。俺が提案することは全部否定するんだ、家さえも。俺は、家は言うまでもなく丈夫であるべきだと思う。一緒に設計図を描こうと言ったくせに、俺が何を言っても反論をするんだな」

「もちろん一緒に、ウラジーミル。私は何も否定なんてしていない、私はただ自分のアイディアを話しているだけ。誰もが自分のために、自分の好みに近いものを選んだらいい」

「それなら君は、自分の考えをすぐにもっと詳しく話せばよかったんだ。俺は、なぜ孫のために家が残っている必要がないのか、誰も理解できないと思うね」

「あなたへの愛と永遠の思い出は、彼らの他の家によって保存される。孫たちが大人になったとき、必ず理解する、すべての地上に考え出されたものの中で、家の資材として彼らにとってより心地よく、強く、便利なものは何かを。でも今あなたにはその建材がまだ存在していないの。孫たちは、祖父が植えそして彼らの父や母が愛した木々で自分たちの家を建てる。その家は彼らを癒し、悪霊から護り、そして彼らを光に向かって奮い立たせるように導く」

「うん……なるほど……祖父や父母が育てた木でできた家か。だがどうしてその家が、その中に住む者を護るんだ？　そこには何か神秘主義があるね」

「ウラジーミル、なぜ愛の光のエネルギーのことを神秘主義と名づけるの？」

「それは俺には完全に理解できることじゃないからさ。俺は家や土地の設計について検討しているのに、君は唐突に愛について繰り返し始めた」

「でもどうして『唐突』なの？　最初からすべて、愛を込めて創造しなければならない」

「なに、塀もかい？　それに森の苗木も愛を込めて植えろと？」

「もちろん。偉大な愛のエネルギーとこの宇宙のすべての惑星は、あなたに、神の息子だけが持つ完全な命に生きることを助けてくれる」

「ああ、君はもうまったく理解し得ない話を始めたね、アナスタシア。家や庭からまた神へと話が移ってしまった。そこにどんな因果関係があり得るっていうんだ？」

「説明がわかり辛いものになってしまってごめんなさい、ウラジーミル。私たちの設計の意義について、少し違った方法で説明してみてもいいかしら？」

「試してみてくれ。ただし設計は俺たちのじゃなくて、君のものになっている」

「それはみんなに共通する設計よ、ウラジーミル。多くの人間の魂がそれを直感的に感じ取る。それを具体化して意味をきちんと理解することを。目の前のドグマ、先進技術や科学の道の雑音が邪魔をし、たくさんの学問の教えが人々を幸せから遠ざけている」

「じゃあ具体的に述べてみてくれないか」

「ええ、やってみる。ああ、どれだけ私が人々にわかってもらいたいと思っていることか！　神の希求の理《ことわり》よ、言葉をうまく組み立てて明確な表現ができるよう助けて！」

# 愛のエネルギー

「偉大なる愛のエネルギー、それは神によって神の子どもたちのために地球に遣わされた。それは誰にでもいつかは訪れる。一度だけでないこともある。そのエネルギーは人間を温め、永遠に人と共にあろうと懸命に努力している。でも大多数の人々が、偉大なる神によるエネルギーとずっと共にある可能性を閉ざしている。

想像してみて、ある日、素晴らしい愛の光の中で彼女と彼が出会う。自分たちの人生を永遠にひとつにすることを意図する。自分たちが結ばれることは揺るぎないことであるという決意を、さらに紙の上や儀式により大勢の証人の前で確固たるものにした。しかし上手くいかなかった。ほんの数日たっただけで、愛のエネルギーは彼らの元を去ってしまう。ほとんどの人がそうなってしまっているの」

「ああ、君は正しいよ、アナスタシア。膨大な数の人々が離婚している、七十パーセントくらいが。一方離婚しない人たちの中には、犬と猿のようであったり、お互いに無関心で暮らしたりしている。このことはみんなが知っていることだが、なぜこういうことがこれほど多く発生しているのかは、誰もが理解に苦しんでいる。君は愛のエネルギーが彼らの元を去ったと言うが、なぜだ？　愛のエネルギーはまるでみんなをからかっているみたいだ、それとも何か独自のゲームでもしているのか？」

「愛はからかったりゲームをしたりはしない。愛は一途に、一人ひとりと共に永遠を生きようとしている。でも人間が自ら選んだ生活様式が、愛のエネルギーを脅かす。愛は破壊によってインスピレーションを授けることはできない。彼と彼女が一緒に人生を築きだしたとき、愛の産物は苦痛の中では生きていけない。マンションの部屋の中で、まるで石のように生気のない棺《ひつぎ》の中で暮らそうとするとき。互いに自分にとってだけの仕事や関心事、それに自分だけの人間関係の輪があるとき。未来のための共通の行いがなく、共に目指すもの、共通の希求がないとき。自分たちの子どもを、きれいな水のない、暴力や戦争や病気があるズタズタに引き裂かれた世界に送りだすために、身体が肉体の快楽だけに翻弄《ほんろう》されているとき。こういったことから愛のエネルギーは離れていく」

「じゃあ、もしも彼または彼女が大金持ちだったら？　もしくは新婚夫婦の両親が小さいマンションでなく、六部屋のマンションを与えたなら？　新しい現代的な設計の、入口に警備装置もあるやつだ。そして良い車も与えて、あと新婚夫婦の口座に大金を入れてくれたとしたら？　愛のエネルギーはこんな条件なら共に在ることに同意するかい？　彼と彼女は老年まで愛し合って生きていけるかい？」

「老年まで彼らは怖れの中で生きることになる、自由と愛がないままで。そして周りの物がすべて古くなり朽ちていくのを眺めることになる」

「それじゃあこの気難しい愛のエネルギーには何が必要なんだ？」

「愛は頑固でもなく気難しくもない。愛は神の創造を求めてやまないの。愛の次元空間を愛と共に創造することに同意する人々を、永遠に温めることができる」

「じゃあ君が描いているその設計図の中のどこかには、愛の空間があるのか？」

「ある」

「どこに？」

「すべての中に、全体に。愛の空間は初め、二人のために生じる。それから彼らの子どものために。そして子どもたちには、三つの次元空間を通して全宇宙との繋がりができる。ウラジーミル、想像してみて。彼と彼女は愛の中で、私たちが描いている設計図を形にし始める。一族の木、草を植え、園を造る。そして春には、彼らが創造したものが花咲く姿に歓ぶ。愛は永遠に彼らの間に、彼らの心の中に、二人のまわりに息づく。そして一人ひとりが春爛漫《らんまん》の中で一輪の花の中にお互いを思い起こすの。花をつけたその木を一緒に植えた様子を思い出しながら。そしてラズベリーの味は愛の味を思い起こさせる。互いへの愛の中にある彼と彼女が、きらめく秋にラズベリーの枝に触れていたから。

木陰の庭では素晴らしい果実たちが熟している。庭も彼と彼女が二人で植えたもの。愛の中で造った庭。

彼が汗まみれになって穴を掘っている姿に、彼女は顔をほころばせ響きわたる声で笑った。そして彼の額に噴き出たひと粒の汗を拭い取ると、唇に熱い口づけをした。

人生では、一方だけが愛していることがよくある。相手はただそばにいることを許しているだけ。そんな二人が共に園を耕し始めると、とたんに愛のエネルギーが共有され、二人をいつまでも見捨てることはない！　その生活様式が、愛の中で生きることを可能にし、その連続性の中で、子どもたちに愛の空間を伝え引き継いでいくものと一致するから。そして神の似姿——神の資質として神と共同で行うように、子どもたちを育てることができるから」

「アナスタシア、子どもの育て方について詳しく話してくれ。読者たちが子育てについてたくさん質問をしている。もしも君に自分のシステムがないのであれば、せめて何か現在行っていることから、一番適しているものを教えてくれないか」

# 似姿



「すべての子どもたちに適合する画一的な子育てのシステムをみつけることはできないわ、ウラジーミル。まず一人ひとりが自分で、赤ちゃん、我が子をどのような人に育て上げたいのかという問いの答えを出さなければならない」

「どのようなって？　それはもちろん、幸せで頭の良い人間さ」

「そうであれば、まずあなた自身がそのようにならなければいけない。あなたが自分を幸せにできないのであれば、何が自分の幸せを妨げているのかを知らなければいけない。私は本当に、幸せな子どもたちの話をしたいの。ウラジーミル、子どもを育てるということは、自分を育てることなの。私たちみんなが今一緒に描いている設計図が、その助けになる。今、子どもたちがどのように生まれ育っているかは、あなたもみんなも知っている。誕生に先行するものを、人々は軽んじる。そして人間だけに備わっている創造の次元空間を、多くの子どもたちに最後まで与えきれないままになっていて、それにより明らかに不具な子どもが生まれている」

「不具って？　手や足がないとか、ポリオで苦しんでいる子どものことを言っているのか？」

「不具というのは、生まれてくる人間の外見に出るものだけではないの。外見上の肉体は普通のようにもみえる。でも人間のもうひとりの『私』と、完全なすべてのエネルギーの複合体を一人ひとりが持っていなければならない。知性、感じる力、意識、そしてたくさんの他のものを。でもすべての子どもの過半数以上を、現代のきわめて低くした基準に従っても、今のあなたたちの医療では欠陥《けっかん》があると算出している。確信を持ちたいのであれば、今、どれだけ発達障害児向けの学校があるのか調べてみて。あなた方の医療が彼らのことをそう呼んでいる。でも子どもたちの能力を、単に医師たちが考える、比較的通常の子どもたちと比較しているだけなの。もし医師たちが、理想的な人間の知性と内面的エネルギーの複合体がどれ程のものなのかをみたのであれば、地球に生まれてくる子どもたちの中で、健常と考えられるのはほんの少数になる」

「しかし、どうして子どもたちは、君が言うように、あまり完全ではない状態で生まれてくるんだ？」

「科学技術の世界が、生まれてくる子どもたちに、三つの重要な点がひとつに合わさることを許さないから。科学技術の社会は、神の知性と繋がる糸を断ち切ろうと懸命に働いている。そして赤ちゃんの誕生の時までに糸は切られてしまう。後になって、人はこの世で苦難を味わいながらその繋がりを探し求めるけれど、みつけることができずに終わる」

「三つの重要な点ってどんなものだい？　知性と繋がる糸って？　俺には何もわからなかった」

「ウラジーミル、生まれる前から人間には多くのことが形成されているの。人間の育成は〝宇宙〟のすべての創造と関わるべき。美しい創造物を神が創ったときに用いたものを、神の息子も無視するべきではない。三つの重要な点、存在の最初の三つの次元空間を、親が自分の創造物に提供しなければならない。

第一の人間の誕生の点は、親の意識と呼ばれるもの。聖書にこのことが言われている、コーランにも書かれている。『初めに、ことばがあった（＊新約聖書　ヨハネによる福音書一章一節）』と。でもより正確には『初めに、意識があった』と言える。思い出すの、今親と呼ばれている人たちが、自分の子どもを意識の中でどのように思い描き、どのような子になるよう計画したか。我が子の人生に何を思い描き予告したのか。自分の創造物のためにどんな世界を創ったのか？」

「俺は思うんだが、アナスタシア、大部分の人は、女性が妊娠するまでそんなこと考えないと思うな。ただベッドを共にしているだけさ。結婚をしていないことだってよくあるんだ。結婚は、恋人が妊娠してからする。だって彼女が妊娠するかどうかなんてまったくわからないだろう。子どもができるかどうかはっきりしない時点に予め考えるなんて、意味がないことだ」

「ええ、残念ながらそうなってしまっている。肉体の快楽の中で大部分の人たちは受胎《じゅたい》してしまっている。でも人間は神の資質を持った、神の似姿《にすがた》。快楽の結果としてこの世に誕生すべきではない。別の状況を想像してみて。彼と彼女は互いへの愛の中で、そして未来の自分たちの美しい創造についての意識の中で、生きた家を建てている。二人は自分たちの息子や娘がそこでどれほど幸せになるかを想像している。彼らの子どもがどのように最初の音を耳にするかを。その音は母親の息づかいと鳥たちのさえずり、神の創造物たちの歌声。それから想像する、大人になった彼らの子どもが疲れきった身体を休めに両親の庭に帰り、杉の木陰に座る様子を。彼への愛の中で、そして彼への想いをもって親の手により祖国に植えられた木陰で。未来の両親が一族の木を植えることが、第一の点を定める。その点が未来の創造のために惑星たちの助けを呼ぶ。この点は必要！　この点はとても重要！　そして何よりもこの点は、神にしかないもの！　この点は、あなたが神の、偉大な創造主の資質を持った、創造主の似姿を創造するという裏付け！　そして神は自分の息子と娘の意識を歓ぶ。

『すべてのはじまりは意識である』。ウラジーミル、どうか信じて。〝宇宙〟のすべてのエネルギーの流れは、二人の意識が愛の中でひとつに溶け合い、二人が美しい創造について思い描く、その一点に現れる。

第二の点、より正しく言うと、もうひとつの人間の次元空間が生まれ、天に新しい星が灯される場所。あなたが、楽園の生きた家を未来の自分の赤ちゃんのために建てるその場所で、愛の中そして美しい創造の想いの中で、ふたつの身体がひとつになる時に。

その後、身ごもった妻はその場所で九カ月を過ごすべきなの。そしてもしその期間が花の咲き乱れる春と風薫る夏、そして実りの秋であればもっといい。そこでは歓びや心地のよい感覚以外は、何も彼女の気を邪魔するものはない。神の創造物の音だけが、既にその中に美しい創造を宿している妻を取り囲む。お腹の中の創造は生きていて、大宇宙の全体を自分で感じ取っている。未来の母親は星々も眺めるといい。そしてすべての星々とすべての惑星を、お腹の中の美しい赤ん坊に意識の中で与える。母親はこういったことをすべて簡単に行うことができる、これらは母親の力の中にあるもの。そしてすべてが直ちに母親の意識に追従していく。宇宙は二人の愛の中の美しい創造物へ忠実に奉仕することになる。

そして第三の点は、新たなる次元空間がその場所で生まれなければならないということ。子どもが受胎した同じ場所で出産も行われなければならない。そして父親は傍らにいなければならない。すると私たちみんなを愛する偉大な父が、三人に冠《かんむり》を授けてくれる」

「なんともすばらしいな！　なぜだかわからないが君の言葉に心をつかまれたよ、アナスタシア。ほら、君の話している場所を想像していたんだ。本当にイメージしていたよ！　俺自身がもう一度、そのようにしてその場所で生まれ変われたらと思ったよ。父親と母親によって育てられた美しい庭に今すぐ行って、休むことができたらいいのに。俺が生まれる前に俺のために植えられた木陰に座ることができればいいのに。そこは俺が宿り、そして生まれた場所。母が、まだこの世に誕生していない俺のことを想いながら散歩した庭で」

「そういう場所が大いなる歓びと共にあなたを迎えてくれたでしょう、ウラジーミル。あなたの肉体が病んでいるならば、その場所が肉体を癒してくれる。心が病んでいれば、心を癒してくれる。そして疲れたあなたにたくさん食べさせて、飲み物を与えてくれたでしょう。あなたを包み込み穏やかな眠りへといざない、そして歓びの夜明けとともにあなたを起こしてくれたでしょう。でも、今日、地上で生きている多くの人々と同じように、あなたにはそのような場所がない。三つの次元空間がひとつに集まることのできる祖国があなたには存在しない」

「でもどうしてこんなふうに、すべてが不釣合いになってしまうんだ？　どうして母親たちは何かが足りない子どもたちを産み続けているんだ？　誰が俺からその場所を奪ったんだ？　誰がみんなからその場所を取り上げた？」

「ウラジーミル、あなたは自分で答えを出すことができるはず。誰があなたの娘、ポリーナにその場所を創ってやらなかったのか」

「なに？　君は娘にそれがないのは、俺のせいだとほのめかしているのか……？」

# 誰のせい？

「でも俺は知らなかったんだ、こんなふうにそんなすごいことができたなんて。ああ、人生を巻き戻してすべてを修正できないなんて本当に残念だ」

「どうして巻き戻す必要があるの？　人生は続いていく。そして一人ひとりが、どの瞬間にでも、美しい暮らしのイメージを創造することができるように与えられている」

「人生は続くさ、もちろん。ただしなんの意味がある、例えば老人にとって。今や彼らは子どもたちが助けてくれるのを待っているんだ。一方で子どもたち自身は仕事もせずにダラダラと家にいる。ましてや子どもたちが既に大人になっている場合、どうやって育てるって言うんだ？」

「大人になった子どもたちにも、神としての教育を与えることはできる」

「でもどうやって？」

「それはね、老人たちが自分の子どもたちの前で謝るといいの。そして心から、彼らに不幸のない世界を与えることができなかったことを謝るの。汚れた水や、澄み切らない空気のことを。そして年老いた手で、大人になった子どもたちのために、本物の生きた家を建て始めたらいい。そのような意識が彼らの中に生まれるだけで、老人の命の日数は延びる。一方老人が自分の手で自らの祖国に触れるとき、ウラジーミル、私を信じて、子どもたちも彼らの元に帰って来る。そして、家は老人たちが最後まで仕上げられなくてもいい。でも子どもたちが彼らを自分の祖国に埋葬することができる。まさにそれが、彼らが再び生まれる助けになる」

「祖国に埋葬する？　君は家族の土地のことを祖国と定義したはずだ。それはつまり、墓地ではなくその土地に、自分の両親を埋葬しなければならないのか？　そこに墓碑《ぼひ》を建てるのか？」

「もちろん、その土地に。彼ら自らの手で植えた小さな森の中に。人間の手による墓碑は必要ない。だって、周囲を取り巻くすべてが彼らの思い出になるのだから。そして毎日、周囲を取り巻くすべてのものが、あなたに彼らのことを思い出させる、悲しみではなく、歓びと共に。そしてあなたの一族は不滅になる。だって、善《よ》い思い出だけが魂を地球に呼び戻すのだから」

「待て、待ってくれ。墓は？　墓地はまったく必要のないものなのか？」

「ウラジーミル、現在の墓地は便所に似ている。誰にも必要のない物を捨てるための。それに本当に最近まで、死んだ人の亡骸は一族の納骨所や辻堂《つじどう》、寺院に葬られていた。そして身寄りのない人や彷徨《さまよ》い人たちだけを村落の外へ運んだ。今は、遠い昔からの歪曲された儀式で死んだ人を思い出すだけ。三日後、次はおよそ九日後、半年後、一年後、その後は……こうして敬意は儀式にはらわれる。死んだ人の魂は少しずつ、今日生きている人から忘れられるままになっていく。生きている人のことさえも忘れられることが珍しくないわ。今は子どもが親から遠く離れた地に逃げ去り、親さえも捨ててしまう時代。そしてこれは子どものせいではない。彼らは、親の嘘そして行き場のない自身の希求を、直感的に察知して家を出る。行き場のなさから彼らは逃げ、そして彼らも同じように自ら袋小路に行きあたってしまう。

大宇宙においては、地球の人々が快い思い出を抱いている魂から順に地球に呼ばれ、再び物質的な肉体に現れるようになっている。儀式を通してではなく、心からの誠実な想いによって。死んだ人が、自らの生き方により、自分について快い思い出を残すとき、その想いは地球に生きる人の中に現れる。その人の思い出が儀式的でなく、実際的、物質的であるならば。

大宇宙のすべての人々が持つ数多くの次元空間の中で、人間の物質的次元が持つ意味は他の次元空間より決して小さくはない。それは丁寧に扱うべき。

彼らの手で植えられた森の中で、埋葬された両親の亡骸からは草が芽を出し、花も木も、低木たちも芽吹く。あなたはそれらを愛《め》で、それらを歓ぶ。両親の手で耕された祖国の一画で、あなたは毎日それらに触れる。あなたは無意識のうちに両親と交わり、彼らはあなたと交わるようになる。守護天使のことを聞いたことがある？」

「ああ」

「その守護天使は、遠いまたは近いあなたの先祖たち。あなたを守ろうとする。三世代後に彼らの魂は再び地上で具現化する。でも地上に具現化しないときも、彼らの魂のエネルギーは守護天使として、すべての瞬間にあなたを守護する。あなたの家族の土地には攻撃的な人が一切入って来ることはできない。恐れのエネルギーは誰にでもある。このエネルギーは攻撃者の中にもあり、そして呼び起こされる。多くの病が攻撃者の中で生まれる、ストレスから生まれる病気が。それが彼を後になって打ちのめす」

「『後になって』って、そいつはそれまでにさんざん悪事を犯すことができるじゃないか」

「ウラジーミル、罰から逃れられないことを知っていながら、攻撃したいと思う人がいるかしら?」

「もしそれを知らなければ?」

「誰もが今、直感的にそれを知っている」

「いいだろう、攻撃者については君が正しいとしよう。じゃあ友人たちとはどうすればいい? 例えば自分の友達を家に招きたくなったとする。彼らが来て、周りにあるものが彼らを脅かし始めたら」

「あなたの友達、あなたの意図と同様に、純粋な意図を持った人に対しては、周りにあるものはあなたと同じように歓ぶ。犬を例に挙げるといいわ。主人の友人が訪れるとき、忠実な見張り役は襲ったりしない。侵略者が攻撃してくるとき、忠実な犬は侵略者との死闘に入る用意ができている。

そしてあなたの祖国の土地では、草の葉一枚一枚があなたとあなたの友人にとっての薬草となる。風のそよぎが、あなたたちの身体に良い花粉を花々や木々から運ぶ。あなたの先祖たち全員のエネルギーも、あなたを包み込んで共にある。そして創造への期待に胸を膨らませながら、惑星たちは、あなたからの指示を待ち焦がれている。

美しい一枚一枚の花びらに、あなたが愛する女性の眼差しが映る。あなたによって育てられた子どもたちが、幾千年にもわたり優しくあなたに話をする。そして新しい世代にあなたは現われる。自分で自分と語り、自分を育てる。そうしてあなたの親たる神と共に創造をする。あなたの祖国、あなたの愛の空間には、神のエネルギー、愛が生きる！」


アナスタシアがタイガでこの土地についての話しをしていたとき、彼女の声のイントネーションやその熱中した様子に、私は心を奪われた。後に、タイガを離れてからこの文章を書き、私は時々深く考えるようになった。〝彼女が言う自分の祖国の一画を持つこと……は、誰にとっても本当にそれほど大切なのだろうか？　実際に既に大人になっている子どもを、自分の最期が近づいても育てることができるものだろうか？　一族の土地の助けによって、本当に親たちと話すことができるのだろうか？　そして彼らのエネルギーは魂と肉体の両方を守ってくれるものなのだろうか？〟

そしてあろうことか、ある人の人生が偶然にもすべての疑問を吹き飛ばしたのだった。それは
このように起こった……。

# ドルメンにいた老人

三年前、北コーカサスに到着し、私はドルメンについての初めの章を書いていた。今、ドルメンには絶え間なく人が押し寄せている。しかし当時、その古代の我われの先祖の建造物をのぞいてみようという人はめったにいなかった。私はしばしば一人で、ゲレンジーク市内にあるプシャダ村のバンバコフ農場にあるドルメンを訪れていた。するとその度に、ドルメンの前にバンバコフ老人が突然姿をみせるのだった。なんだかいつもひょっこり現れる彼は、継《つ》ぎ接《は》ぎだらけのシャツを着て、自分の養蜂場で採れた蜂蜜の瓶を持っていた。

老人はひょろっと背が高くとても活動的だった。彼は最近、ペレストロイカの始まりの頃にその土地を手に入れたそうだ。そしてこの土地の整備をとても急いでいたのだろう、あらゆる廃材を使って小さな家や蜂の巣箱の庇《ひさし》、農作業所を建てた。庭を敷き、水源を掘り当てると信じて小さな池を掘り始めたが、岩のようなものにぶち当たってしまったそうだ。

またバンバコフ老人は、とても丁寧にドルメンを扱っていた。ドルメンの周りを掃き、そのそばの野原から取った小石を敷きながら言った。「この石は人の手でここに持って来られたんだ。ほら、周りにある石とは似ていないだろう。人々が石で塚を造り、その上にドルメンを建てたんだよ」

老人の農場は村落と道路から外れた所にあり、彼はそこで一人で働くことが多かった。

私は思った。〝彼は理解するだろうか、彼の骨折りがどれほど無駄であるかを。農場を興《おこ》すことも、土を耕すことも、現代的なちゃんとした家を建てることにも意味はない。たとえ奇跡が起こって、彼の土地が美しいものになり、農場を整備できたところで、おそらく彼が喜ぶようなことにはならない。子どもたちはみんな、都会に引き寄せられている。老人の息子だって妻とモスクワに住み着き、公務員になったのだ。

老人は本当に自分の労力が無駄骨だと理解できないのだろうか？　それらは誰にも必要ない、彼の子どもたちにさえ。彼はどのような心持ちで死ぬことになるだろう？　自分の農場が廃墟《はいきょ》となるのを知りながら。雑草がすべてを覆い尽くし、ミツバチの巣を壊してしまうことを知りながら。そして広い畑の真ん中の不便な所にたたずむドルメンにも、再びゴミが捨てられるようになると知りながら。老年をゆったりと過ごしていればいいのだ。それを彼は朝から晩までぜんまい仕掛けの機械のように、一日中穴を掘ったり何かを作ったりしている〟

ある日私がドルメンへ着いたとき、既にあたりは暗くなり始めていた。月明かりがドルメンに続く小道を照らし、周囲は静寂に包まれ、風に揺れる葉擦れの音がするだけだった。ドルメンの周りに生えている木立ちまで数歩の所で、私は立ち止った。

ドルメンの正面、入り口の横にある石の上に老人が座っていた。その細い身体の線からすぐに彼だとわかった。いつも活発で陽気な老人が、身動きもせず、泣いているようにみえた。それから立ち上がり、いつもの早足でドルメン入り口の前通路に沿って行ったり来たりし、急に立ち止り、ドルメンの方へ顔を向けると、うなずくように手を振った。私は理解した。バンバコフ老人はドルメンと交信し、話をしていたのだ。

私は向きを変えると、できるだけ足音を立てないようにして村に向かって歩き出した。道中考えた。〝ドルメンの魂がいかに強く叡智にあふれていたとしても、既に自分の寿命を生きた男をどうやって助けることができるのだろうか？　どうやって？　ただああやって会話するだけで？　叡智！　叡智は若きに必要なのだ。年老いて得たところでどうする？　誰に必要なものか！　誰が叡智の話を聞くものか！　自分の子どもでさえはるか遠くにいるというのに〟

半年が過ぎ、次にゲレンジークを訪れたとき、私は再びバンバコフ老人の農場にあるドルメンへと向かった。私は既にスタニスラフ・バンバコフが亡くなったことを知っていた。そしてあの陽気な目的意識の高い男にもう会えないということが、少し寂しかった。もう彼の養蜂場で採れた蜂蜜を味見することもないだろう。でも何よりも、再びドルメンの周りにゴミが捨てられていることや、その周りが荒れている様子を目の当たりにしたくなかった。しかし……。

車道から農場へ続く道がきれいに掃かれていた。ドルメンへ向かう細道の手前のカーブの木立の中に、いくつかの木のテーブルとベンチがあり、そこはきれいなあずま屋になっていた。白く塗られた小石がきれいに並べられた道に沿って、イトスギの苗木が緑をなしていた。そして家の窓やそのそばの柱には明かりが灯っていた。

息子だ！　バンバコフ老人の息子セルゲイ・スタニスラヴォヴィチ・バンバコフが、自分の仕事を辞めて、モスクワから妻と息子と一緒に父親の農場へ住み着いたのだ。

私はセルゲイとともに木の下の机を囲んでいた……。

「父がモスクワに電話してきて、帰ってくるよう頼まれたんだ。帰ってきて、ここをみて、家族を連れてきた」セルゲイは話した。「父と一緒にここで働いたよ。父と仕事することが意外にも歓びだとわかった。そして父が死んだとき、僕はこの場所を残して去ることはできなかった」

「首都から移ってきたことを後悔していないのかい？」

「いや、後悔していない。妻も同じだよ。日々父に感謝しているよ。ここの方が何倍も居心地が良くなったさ」

「家の設備を整えたってことかい？　水も引いて？」

「設備は……、トイレはほら、家の前に親父が作ったんだ。でも僕が言いたいのは、心の中に感じる心地良さというか、満ち足りた感じのことなんだ」

「仕事はどうだい？」

「ここには仕事が本当にいっぱいあるんだ。庭は造らなきゃならないし、養蜂のことも勉強しなきゃならない。まだ蜜蜂たちとの関わり方を学びきれていないんだ。父からノウハウを受け継ぐのが間に合わなかったのは残念だよ。ドルメンには日ごとに多くの人が訪れるようになっていて、毎日バスが来て、妻は喜んで彼らを迎えている。父が僕に頼んだのさ、人々を出迎えるようにと。それで出迎えているんだ。ほら、駐車場も造った。水も引きたいと思っている。そう、税金が大変なんだよ。今は資金が足りなくて。市長は少し援助してくれてはいるが」

私がセルゲイに、アナスタシアが話していた土地について、自分の区画について、親の思い出についてのことを話すと、彼の返事はこうだった。

「そうなんだよ、彼女は正しいよ！　百パーセント正しい。父は死んだ。それなのに僕は毎日まるで父と話をしているみたいだ。ときには言い合いもする。そして父がより近いものになっている。まるで死んでいないかのようだ」

「どうやって？　君はどうやって親父さんと話すんだい？　チャネラーみたいに声が聞こえるのかい？」

「いやいや、もっと簡単だ。あの大きな溝がみえるかい？　父は水源を探していて、岩盤にぶち当たったんだ。僕はこの溝を埋めて、そこにもうひとつテーブルとベンチを置こうとした。そこでこう思った。〝なんてことだ父さん、予想外だったよ、また余計な仕事だ。ただでさえやることはたくさんあるのに〟。でも、雨が降り山から水が流れてきて、そこに溜まったんだ。水は数カ月間溜まったままだった。小さな池ができたのさ。僕は思った。〝偉いぞ父さん、父さんの溝が役に立った〟。そうやって他にもたくさんのことを父は考え付いていたんだ。僕は意味を理解しようとしているところさ」

「セルゲイ、いずれにせよ親父さんは、いったいどうやって君をモスクワから引き離すことができたんだろう、どんな言葉で？」

「いや別に、あっさりと話した感じだったよ。普通の言葉だった。覚えているのは、父の言葉から何か新しいものが現れたのを感じたことだ、熱望をさ。そしてほら、僕はここにいる。父さん、ありがとうよ」


ドルメンと交信していた年老いたバンバコフはどんな言葉を知ったのだろう？　息子を自分の元に帰らせるほどのどんな叡智を得たのだろう？　息子を永久に帰らせるほどの！　アナスタシアが話していたように自分の土地の中ではなく、バンバコフが墓地に埋葬されたことは残念だ。そしてさらに私はセルゲイに羨望《せんぼう》の眼差しを向けた。彼の父親は彼のために祖国の一画をみつけてやった、または創ってやったのだ。それはいつか私にも持てるだろうか？　他の人も？　アナスタシアの草地はすてきだ。バンバコフ家もすてきだ。すべての人が自分の祖国の一画を持つことができたら、すてきだ！

# 神たちの学校

最後にバンバコフのドルメンを訪れ、彼の息子と話した後、アナスタシアとの祖国についての会話、彼女の土地の設計図についての会話が一層鮮明に思い出されるようになった。記憶の中に、アナスタシアが木の枝で描いた、各々の未来の素晴らしい入植地の図も浮き上がってきた。夢中になって、いつもとは違う声のイントネーションで彼女はこれらのことを語ろうとしていた。まるで彼女には、庭の木や空き地を覆う木々の葉の揺れる音、小川を流れる清らかな水のせせらぎが聞こえ、それらの中に美しく幸せな男女が暮らす姿がみえているかのように。子どもたちの笑い声、夕暮れの詩《うた》も。一方、私にはその普通とは思えないアイディアから、多くの疑問も浮かんでいた。

「でもどうして君は、各区画が互いに触れないように描いているんだ？」

「そうしなければならないから。美しい居住地に通り道ができるように、細道や大きな道が。各区画から次の区画までは、全方位に少なくとも三メートル以上の距離が必要なの」

「その居住地に学校はあるのかい？」

「もちろん、みて、ほらここが学校。全体の中央にあるの」

「新しい学校で、どんな教師がどんな授業を教えているのかみてみたいものだな。きっと俺がみたシチェチニン先生の学校（＊アカデミー会員ミハイル・シチェチニンによって設立されたロシア教育省管轄の学校。ロシアのクラスノダール地方にある。三巻を参照）みたいなんだろう。今となってはたくさんの人が訪れている。みんなテコスにある森の学校が好きなんだ。多くの人が自分の町にあんな学校を創りたがっている」

「シチェチニン先生の学校は素晴らしい。あの学校は、新しい居住地で子どもたちが通う新しい学校への始めのステップ。シチェチニン先生の学校の卒業生たちがその学校を創るのを助け、そしてそこで教える。でも重要なのは、教育を受けた賢明な教育者だけではない。その新しい学校では親たちが自分たちの子どもを教え、自分たちも子どもたちから教えられる」

「しかし、親たちがどうやって急に教師になれるんだ？　すべての親たちが高等教育や専門教育を受けているわけではないだろう？　教科だって色々だ。数学、物理、化学、文学……誰が学校で子どもたちに説明するんだ？」

「受けた教育は、誰もが同じではない、もちろんそう。でも教科や学問についての知識を最終目的にしなくてもいいの。どのようにしたら幸せでいられるのか……、これを知ることが重要。そしてこれは親たちのみが、自らの例をもって彼らに示すことができる。従来の解釈による学校の授業を、親たちがする必要はまったくない。例えば親も合同でディスカッションに参加したり、試験をしてもいい」

「試験？　親たちは誰の試験をすると言うんだ？」

「自分の子どもたち、そして子どもたちも自分を産んだ彼らに試験をするの」

「親が我が子に学校の試験を？　ああ、それはただの笑い話だよ。それじゃあ子どもはみんな成績優秀児だ。自分の子どもに二をつける親がどこにいる？　もちろんどんな親だって自分の息子や娘に五をつけるさ」

「ウラジーミル、結論を急がないで。科目の中には、今日の学校の授業に似ているものもあるけれど、異なるものもある。その中でも主要なのは新しい授業」

「異なるもの？　どんな？」

するとと突然、私にある推測が浮かんだ。もしアナスタシアが簡単に千年前の光景をみせることができるのであれば（彼女がどのようにそれをやるのかは重要ではない。超能力の光線または他の何か使える力を借りて）、つまり……つまり彼女は近い未来もみせることができるのかもしれないと。そして私は訊ねた。

「アナスタシア、君は、せめてひとつでもその未来の、新しい居住地にある学校の授業をみせることができるかい？　従来的ではない授業を？」

「できる」

「じゃあ、みせてくれ。俺はシチェチニン先生のところでみたものや、自分が学校で教わったこととも比べてみたいんだ」

「どのような力で未来の景色を映し出すかを聞かない？　そして怯えない？」

「君がどうやってそれをやろうが俺にはどうでもいいことさ。俺にはみることが……、もう、すごく興味深いんだ」

「それじゃあ、草の上に横になって、リラックスして眠ってちょうだい」

アナスタシアは私の手のひらに静かに自分の手のひらを置いた。そして……。


上からの景色のようだ、私にみえたのは多くの区画の中に、ひとつだけその内部の設計が他の区画と異なるものがあること。その中にいくつかの大きな木造の建物があって、建物同士は、様々な花を植えた花壇で縁どられた通路で繋がっている。複合的な建造物のまとまりの横に野外の円形劇場がある。半円状のベンチの列が上から下に続いている小さな丘のようだ。そこに三百人くらいのあらゆる年代の人々が座っていた。既に白髪の人もいれば、まったくの若年者もいる。大人の男女に混じって様々な年齢の子どもたちが座っている様子から、家族ごとに座っているようにみえる。みんなが互いに興奮した様子で話をしている。まるでこれから何か普段と違うことが、スーパースターのコンサートか大統領の演説か何かがみられるかのように。

観客席の前の木製のステージに、小さい机が二つと椅子が二脚あり、その後ろに大きな黒板があった。ステージのそばには十五人くらいの、五歳から十二歳くらいの子どものグループがいて、活発に何かを議論していた。

「今から天文学のシンポジウムのような会が始まるところ」私はアナスタシアの声を聞いた。

「子どもたちはなんだってここにいるんだ？　親たちは子どもを預ける人がいなかったのか？」

私はアナスタシアに訊いた。

「議論している子どもたちのグループのうち一人が、今からメインイベントである講演を始める。彼らは誰が発表をするのかを選んでいるの。ほら、二人が主張している。男の子、彼は九歳ね。そして女の子、彼女は八歳。今、子どもたちは多数決をする。大多数が男の子を選んだ」

男の子は手際よく、自信ありげな足どりで机に歩み寄った。書類挟《ばさ》みから取り出して机に並べた紙に、図面や絵が描いてある。他の子どもたちの中には行儀よくその場を離れる子もいれば、スキップしながら客席に座っている親の元へ走る子もいる。赤毛のそばかすだらけの女の子、発表の立候補者だった女の子は、凛《りん》と頭を上げて机の横を歩いて行った。彼女は手に、男の子のものより少し大きくて分厚い書類入れを持っている。きっとそれにも何かの絵や図面が描かれているのだろう。

机の前の男の子は、通り過ぎる立候補者の女の子に何かを言おうとしていたが、小さな女の子は立ち止らず、自分の赤毛のおさげを整えると前を通り過ぎて行った、これみよがしにそっぽを向きながら。男の子はしばらくの間呆然とし、立ち去っていく誇り高い赤毛の女の子を目で追っていた。それから再び自分の書類を整えることに集中し始めた。

「いったい誰がこの子たちに、大人たちの前で講演するレベルの天文学を教えることができたんだい？」私はアナスタシアに訊ねた。

彼女の答えはこうだ。

「誰も教えてはいない。子どもたちは宇宙のすべてがどのようにできているのかをよく考え、準備して、自分の推論を発表するようにと言われただけ。彼らは二週間以上かけて準備をしてきた。そして今責任ある瞬間が来たの。彼らの推論に対して希望する人は誰でも反論することができる、そして彼らは自分の意見を擁護《ようご》するの」

「それじゃこれはゲームにならないか？」

「起こっていることをゲームとしてみなしてもいい。ただしそのゲームはとても真剣なもの。ここにいる出席者一人ひとりが、今から惑星の構造についての意識に入り、その速度を速める。ひょっとすると、それ以上のことも意識し始めるかもしれない。なにしろ子どもたちは二週間もこのことを意識し、考えてきた。そして彼らの意識は何にも、どんなドグマにも制限されていない。惑星の構造についての今日あるいかなる説にも支配されていない。彼らがどんな結論に至ったのかは、まだわからないの」

「子どもの頭であらゆる空想を描くって君は言いたいのかい？」

「私は彼らが自分の説を発表すると言いたいの。惑星の構造については大人にだって公理がないもの。このシンポジウムの目的は、何かの理論を成立させることにあるのではなく、意識を速めることにあるの。結果的に真理を見極める、または真理に近づくための意識を」

もうひとつの机の方へ若い男性が歩み寄り、講演の開始を言い渡した。男の子が話し始めた。彼は自信をもち、夢中になって二十五分から三十分の発表をした。私には、彼の話が完全に子どもの空想のように思えた。どんな科学的理論にも、中学校の天文学の基礎的な知識にすら基づいていない空想であるかのように。男の子が話した内容はだいたい次のようなことだ。

「夜に空をみると、たくさんの星が輝いています。色々な星があります。すごく小さな星もあれば、少し大きい星もあります。でも、すごく小さな星もまた、大きな星かもしれません。ただ、私たちは初めそれらを小さい星だと思うのです。でも星は、本当はとても大きいのです。だって、飛行機が空高く飛んでいるときは、小さい。でも地上にあるときに近寄ると、飛行機はとても大きくて、たくさんの人がその中に座ることができるのです。ただ、星には今人間がいません。夜に輝いています。大きい星も、そして小さな星も同じように輝きます。星たちは、私たちが彼らをみて、彼らについて考えてくれるようにと光っているのです。星たちは私たちに、地球のように彼らを良くしてほしいのです。地球が少し羨ましいのです。私たちのところと同じように、木の実や木々が生えて、同じような川があって、魚がいてほしいと強く思っています。星たちは私たちを待っていて、それぞれが私たちに注目されるように頑張って光っています。でも私たちはまだそこへ飛ぶことはできません。地球ですべきことがたくさんあるからです。でも、私たちが地球のことをきちんとやり遂げたら、そしてあらゆる場所が、地球が全部良いものになったら、星たちのところへ飛んでいきます。でも、飛行機やロケットで飛ぶのではありません。なぜなら、飛行機では長い時間がかかり、ロケットも時間がかかって退屈だからです。それに、飛行機でもロケットでも、全員が乗ることはできません。そしてたくさんの色々な荷物も載せることができません。木々も、川も乗ることができません。私たちが地球を全部良いものにしたとき、一番目の星へ地球のみんなで行きます。それに、いくつかの星たちは自分たちで地球に飛んできて、地球にぴったりくっつきたくなるでしょう。その星たちは既に自分のかけらを送り、そのかけらは地球にくっつきました。人々は初め、それを彗星だと思ったけれど、それは美しい地球にくっつきたいととても強く思った星のかけらなのです。それらは星が送ったものです、私たちを待っている星たちが。地球のみんなが、遠い星へ飛んでいくことができます。そしてそうしたいと思う人は、そこを地球のように美しくするために星に残ることができるのです」

男の子は自分の書類を持ち上げ、聴衆にみせた。紙には星空と、星たちの方へ移動する地球の軌道の絵が描かれていた。最後の絵には花の咲いた園のある二つの星と、銀河間飛行によりその星から離れて行く地球の姿があった。

男の子が話を終えて絵をみせ終わったとき、司会者は、希望者は反論することも、話されたことについて自分の意見を述べることもできると伝えた。しかし誰もすぐに前に出ようとはしない。みんなが黙り、私にはなぜか動揺しているようにもみえた。

「みんな何を動揺しているんだ?」私はアナスタシアに訊ねた。「大人たちは誰一人天文学を知らないとでもいうのかい?」

「動揺しているのは、話すときには論証をもって、理解できる話し方をしなければならないから。なにしろ、彼らの子どもたちが出席しているのだから。もしも意見が理解できないもの、または子どもの心に受け入れ難いものだったら、その意見の発表者には、不信、もっと悪い場合は敵意が生まれる。大人たちは自分に向けられる態度を大事にしているから動揺していて、リスクを冒したくないの。集まった人たちに正しく評価されないことを怖れている、そして何よりも子どもの前でそうみられることを」

大勢の聴衆の顔が、客席の中ほどに座る白髪になりつつある年輩の男性の方へ向き始めた。彼は赤毛の女の子、あのもう一人の発表立候補者だった女の子の小さな肩を抱いていた。彼と並んで若くとても美しい女性が座っていた。アナスタシアが注釈する。

「多くの人が今、客席の中ほどに座っている男性をみつめている。彼は大学の教授、学者よ。今は年金生活をしている。彼の私生活は初めうまく行かず、子どももなかった。十年前に彼は土地を手に入れて、一人で整備をし始めた。若い女性が彼のことを好きになって、彼らの間に赤毛の女の子が生まれた。彼の隣の若い女性は彼の奥さん、そして彼の娘の母親。元教授は遅くにできた子どもをとても愛している。そして赤毛の女の子、彼の娘は彼に対し大きな敬意と愛のある態度をとっている。ここにいる多くの人たちが、教授が一番に意見を言うべきだと考えているの」

しかし、白髪交じりの教授は自分の出番をためらっている。何かの雑誌を手でいじっている様子から動揺が見て取れた。やっと教授は腰を上げると、話し始めた。彼は何か宇宙の構造、彗星、地球の質量について話し、最後に総括した。

「地球という惑星は、もちろん空間で動いており回転しているのです。しかし地球は太陽系とは切り離せない結びつきを持っていまして、単独で太陽系なしに遠くの銀河へ移動することができないのです。太陽が地球上に生きるすべてのものに命を与えます。太陽から遠く離れることは地球において著しい冷え込みを招くことになり、結果として惑星の凍結が起こります。どんなことが起こるのか……、私たちみんなが、太陽から比較的短い距離にある状態でさえそれをみることができます。冬が起こる……」

教授は思いがけず黙り込んだ。発表者の男の子は落胆した様子で、書類を集めたり、一緒に発表の準備をしてきたグループの同級生の子らをいぶかしげにみつめたりしている。しかし、誰にとっても冬の、そして冷え込みの論証には説得力があり、理解できるものだということは明らかだった。この論証は、子どもの美しい合同飛行の夢を打ち砕いていた。すると静寂が始まって三十秒ほどたった中、白髪になりゆく教授の声が響いた。

「冬……地球に太陽のエネルギーが不足しているとき、命は必ず休止しているのです。必ず！

これにはどんな科学的論理的調査も必要ない……、みんなが納得していることであります。しかし、可能性はあります。太陽と同じようなエネルギーを、地球自体が持っているかもしれないのです。ただそれがまだ姿を現していないだけなのです。誰もそれを解明していないのです。いつか、あなたたちがそれを解明するかもしれないのです。地球は、もしかすると自足できるものかもしれない。そのエネルギーがどこかに現れるかもしれないのです……。地球上に太陽のエネルギーが現れて、そしてそれが太陽のエネルギーのようにつぼみを開かせる。そうなれば、地球に乗って銀河を旅することができるでしょうな。そう、そうなれば……」

教授はしどろもどろになり、黙った。会場からは不満のざわめきが聞こえてきた。そして始まった……。

意見を述べようと大人が自分の席を立ち上がり、教授の太陽なしで生きられる可能性について反論の発言をした。何やら植物に起こる光合成について、外気温について、いかなる惑星も外れることのできない軌道についてのことを話していた。教授は座ったまま、白髪交じりの頭を一層低く落とした。彼の赤毛の娘は顔を意見者一人ひとりに向け、時にすっと腰を浮かせることもあった。父親を反論者から守ろうとしているかのようだった。

教師らしい中年の女性が出てきて、子どもたちを甘やかしたり、彼らの好意を得ようと媚びるのは良くないと言った。

「どんな嘘も、時が経てば明るみに出ます。そして後で私たちみんながどのようにみられることか？　これはただの嘘ではありません。臆病な行為なのです」女性は言った。

赤毛の女の子は小さな手で父親のジャケットの裾を握っていた。彼女は父親を揺すり始め、泣きそうになりながら詰まった声で言った。

「ねえ、パパチカ（＊ロシア語で「パパ」の愛称）、エネルギーのことは嘘なの？……パパチカは嘘を言ったの？　私たちが子どもだから？　おばさんが言ったわ、パパはオクビョウだって。オクビョウって悪いことなの？」

沈黙が野外の会場を包んだ。教授は頭を上げ、娘の目をみて、彼女の小さな肩に手を置いて小声で言った。

「私はね、かわいい娘よ、自分が信じていることを話したのだよ」

赤毛の子は初め茫然となった。それから彼女は素早く椅子によじ登り、子どものかん高い声で叫び放った。

「私のパパはオクビョウじゃない。パパはそれを信じているの！　信じているの！」

女の子は静まり返った会場に眼差しを走らせた。誰も彼女たちの方をみていない。彼女は母親の方を振り向いた。しかし若い女性は顔を背け、頭を垂れて、自分の上着の袖ボタンを外したり、留めたりしていた。女の子は再び黙りこくった会場に目を走らせ父親の方を向いた。教授は依然としてなんだか頼りない様子で幼い娘をみつめている。完全な静寂の中でもう一度、今度は小声で、かわいらしく赤毛の女の子の声が響いた。

「パパチカ、みんなパパチカを信じていないよ。みんなが信じないのはまだ地球にエネルギーが、お日様みたいにお花を咲かせることができるエネルギーが現れていないからよ。でもそれが現れたら、みんながパパチカを信じてくれる。もっと後で信じるの、後で、現れた時に……」

そして白髪の教授の赤毛の娘は、突然素早い動作で自分の前髪を整えると、通路に飛び出し走り出した。野外の会場の端の方へ走り、彼女はすぐ近くの一軒の民家に向かい、玄関に走り込み、二秒後くらいに再び扉の前に現れた。彼女は両手に何かの植物の鉢植えを抱えていた。それを持って既に空っぽになった発表者の机の方へ走ってきた。彼女は鉢を机の上にポンと置くと、大きく自信に満ちた子どもの声が参加者の頭上に響きわたった。

「ほら、花。花びらは閉じている。全部閉じている。それはお日様がないから。でもお花はもうすぐ開く。地球にエネルギーがあるんだもの……、私は……、私が花びらを開かせるエネルギーに変身する」

赤毛の女の子は固くこぶしをにぎり、花をみつめ始めた。瞬きせずひたすらに。

席についている人々は一言も話をしなかった。みんなが女の子と、彼女の前の机に置かれた植物の鉢をみていた。

教授はゆっくりとその場から立ち上がると娘の方へ歩いて行った。彼は彼女に近づき、肩をとり、連れて行こうとした。しかし赤毛の子は肩を引き、そしてささやいた。

「パパチカ、手伝って」

教授はきっと完全に途方に暮れたのだろう、子どもの小さな肩に手を置きそのまま娘のそばに立ち、そして同じように花をみつめ始めた。

花には何も起こらなかった。そして私にはなんだか赤毛の女の子と白髪交じりの教授が気の毒に思えてきた。なんと彼がまだ解明されていないエネルギーを信じていると言ってしまったことが、これほど彼をひどい目に遭わせるとは！

突然一列目から、発表をした男の子が立ち上がった。彼は沈黙したままの場内を横目に振り向くと、鼻をすすり机の方へ歩きだした。少しずつ、そして堂々と机に近づき、赤毛の女の子の横に立った。そして彼女のように自分の凝らした眼差しを陶器の鉢に植わった植物に向けた。しかし植物には依然として、もちろんのことだが、何も起きなかった。

しかしそこで私はみた！　客席から、様々な年齢の子どもたちが席から立ち上がるのをみたのだ。彼らは次々と机に近づいて来た。何も言わず隣に立ち、花に注目している。最後の六歳くらいの女の子は、小さな手にまだ幼い自分の弟の手を繋いでやって来たのだった。彼女はやっとのことで前に立っている子らをかき分け、誰かの助けを借りて弟を机の前にある椅子の上に立たせた。坊やは立っているみんなを少し見回し、それから花の方へ振り返ると、息を吹きかけ始めた。

すると突然、鉢植えの植物についていたつぼみのひとつが、ゆっくりと開きだしたのだ。とてもゆっくりと。静まり返った客席の人々はそれに気が付いた。そして何人かの人が自分の席から無言のまま立ち上がった。机の上ではもう二つ目のつぼみが開きだしていた、同時に三つ目、四つ目も……。

「きゃあああ‼……」熱狂する子どものような声で、教師らしい中年の女性が叫び、それから手を叩きはじめた。拍手喝采《はくしゅかっさい》が会場に起きた。花の周りで歓喜に沸く子どもたちから脇へ離れ、こめかみをさすっている教授の方へ、客席から若く美しい女性、彼の妻が走っていた。彼女は助走して跳びあがると彼の首に飛びつき、キスを浴びせ始めた、頬に、唇に……。

赤毛の女の子はキスをする両親の方へ一歩進んだ、しかし彼女を発表者の男の子が引き止めた。彼女は腕を振り払ったが、数歩歩いたところで振り返ると、彼に詰め寄るほど近づいて、ひとつ外れていた彼のシャツのボタンを留めだした。ボタンを留めると、微笑んで、そして素早く振り返り抱き合う両親の方へ走り出した。

客席からはどんどん多くの人々が机の方へ近寄ってきた。自分の子どもらの手を取る人、小さな発表者に握手する人。男の子はその場に立ち続けていた。片方の手を握手のために伸ばし、もう一方の手のひらをさっき赤毛の女の子が留めたボタンに押し当てたまま。

突如、誰かがバヤン（＊ロシア独特の大型アコーディオンの一種で、ボタン式鍵盤を持つもの）で何かロシアとジプシーの中間のような音楽を奏で始めた。そして一人の老人がステージでリズミカルに足を鳴らした。彼のところへは早くもぽっちゃりした女性が優雅に躍り出た。そして二人の青年が勇ましいプリシャトカ（＊腰を落として脚を跳ね上げるロシア民族舞踊の技。一般的に男性が踊る。片足でしゃがみ、もう片方の脚を前に蹴り出し、素早く逆の脚に替える）で踊りに加わってきた。そして大きく開いた花は、勇ましくその大胆さでさらに多くの人を惹きつけているロシアの踊りをみつめていた。

普通でない学校の光景は急に消えた、まるで画面がパッと消えるように。私は草の上に座っていた。周りはタイガの植物の世界で、アナスタシアはそばにいた。心には何かの動揺があり、幸せそうな人々の笑い声と陽気な民族舞踊の音楽が聞こえ、それらすべてから離れたくないと感じた。心の中で聞こえていた音が少しずつ止んだとき、私はアナスタシアに言った。

「今、君がみせてくれたのは、どんな学校の授業にもまったく似ていなかった。これは近所の人たちの集会みたいだ。教師は一人もいないし、全部が自発的に起こっていた」

「教師は同席していたの、ウラジーミル、最も賢明な人が。その教師は誰の注意を引くこともしなかった」

「じゃあ、親たちはなんのために参加していたんだ？　彼らの感情のせいで苦しみが生じたっていうのに」

「感情や気持ちは意識の速度を何倍も速める。この学校では同じような授業が毎週行われているの。教師たちや親たちは意図において一体となっていて、子どもたちは自分たちを、大人たちと同等であるとみなしている」

「でも親が子どもの授業に参加するのはやっぱりなんだかおかしい気がするよ。親たちは教師の専門教育を受けているわけじゃないんだから」

「ウラジーミル、人々が我が子の教育を他人に任せてしまうことが習慣になったのは、悲しいこと。どこに委ねるかの問題ではない、学校でも他の何かの施設でも。誰かの教えがどのような世界観を子どもに注ぎ込むのか、彼らにどんな運命を用意するのかも知らずに、自分の子どもたちを委ねることがよくある。自分の子どもたちを知らないものに与えてしまって、自ら子どもを失っている。ほら、だからそういった子どもたちは母親を忘れてしまう、教育において誰かに子どもを与えてしまった母親を」

＊＊＊

そろそろ私が街に帰る時が近づいた。受け取った情報はあふれんばかりに私を満たし、圧倒した。周囲を取り巻くものを感じることも、それに気が付くこともできないほどだった。アナスタシアとの別れもなんだか大急ぎだった。私はアナスタシアに手短に伝えた。

「見送らないでくれ。一人で歩けば考えるのを誰にも邪魔されないから」

「ええ、誰にも邪魔されずに考えたらいいわ」彼女は答えた。「河に着いたら、祖父がいるわ。祖父が舟で対岸の桟橋に渡るのを助けてくれる」

河に向かってひとりでタイガを歩き、みたことと聞いたことすべてについてすぐに考えだした。

ひとつの疑問が何よりもしつこく浮かんできた。俺たちは、つまり大部分の人たちは、どうしてこうなってしまったんだろう？　祖国は誰にでもあるようにみえるが、自分の小さな祖国の一画なんて誰も持っていない。それにたったの一ヘクタールの土地でさえ、人に、一個人やその家族に、一生涯永遠に所有できる土地として保障する法律すらこの国には存在しないのだ。政党や政府は互いに取替え引換えしながらあらゆる福祉を約束するが、この一人ひとりに祖国の一画をというテーマには触れていない。なぜ？　そもそも広大な我が国の祖国は、小さな一画からできているのだ。自分が誕生した小さな土地、愛しい家族の小さな土地から、そこにある庭や家から。もしそういうものが誰にもなかったとしたら、祖国とはいったい何でできているというんだ？祖国の一画を一人ひとりが、それを望むすべての家族が持てるように、そういう法律を作らなければならない。議員たちはこの法律を承認するだろう。私たちが議員を選ぶのだ。つまり、この法律を受け入れる議員を選ばなければならない。法律。これはどんな形にすればいいだろう？どんな？　こんなふうに？……

「各夫婦に対し、国家は彼らの要請に従い、一ヘクタールの土地を、終身的利用のために必ず提供しなければならない。また提供を受けた者は、その土地を遺産として相続する権利も持つものとする。一家の土地で生産された農産物は、いかなる場合においても課税対象にすることはできない。また、一家の土地は売買ができないものとする」

まあこのようなものでよさそうだ。でも、もし土地を入手しても何もしない人が出てきたらどうだろうか？　それなら法律文の中に謳《うた》うべきだろう。「三年間で土地が耕作されない場合、国はその土地を没収することができる」

それにもし、街に住んで働きながらダーチャのような形態で、定期的にそこを訪れて土地を利用したい人の場合はどうだろうか？　そうさせればいいじゃないか。女たちはいずれにせよ、子どもを産むために自分の家族の土地に帰るのだから。帰らなかったら、後で子どもらが許さない。では、後は誰が法律を押し通すか？　政党？　どんな？　そんな政党を組織しなければならない。それじゃあ誰がその組織作りをするんだ？　そんな政治家をどこでみつけられる？

我われはどうにかして探さなければ。早急に！　さもなければ、あなたは一度も祖国の土地に足を踏み入れることなく、この世を去ることになってしまう。そして孫たちに思い出されることもないんだ。いったいいつ、このようなことが可能になるのだろうか？　私はいつ言えるだろう？『こんにちは、私の祖国よ！』と。

＊＊＊

アナスタシアの祖父は河岸の丸太に腰かけていた。すぐ横で、河岸に結ばれた木の小舟が軽く波に揺れていた。〝オールをこ漕いで対岸の一番近くの波止場まで、数キロ下るのは難しくはない。しかし、帰りはどうやって流れに逆らって漕ぐのだろう？〟老人と挨拶を交わしながらそう思い、そのことを訊ねた。

「少しずつ進んで帰るさ」祖父は答えた。彼はいつも陽気なのだが、今回はなんだかまじめな様子で、あまりおしゃべりではなかった。

私は彼と一緒に丸太に座り、言った。

「わからないんです、アナスタシアはどうやってあれだけの情報を自分の中に持っていられるのか？　過去のことも覚えていて、しかもタイガに住みながら今私たちの生活で何が起きているかもすべて知っているのか。花や太陽、それに獣たちに歓び、一見何も考えていないかのようにもみえるのに」

「何を考えることがあるのかね？」祖父が答えた。「彼女は感じておるのだよ、情報を。彼女は必要な時に、ほしいだけ取り出しているのだよ。すべての疑問の答えは我われのそばに、空間にあるのだ。それを受け取り、言葉にすることができるだけなのだよ」

「それはどうやって？」

「どう……、どう……ふむ、君が通りを歩いているとする。君のよく知る街で、自分の仕事について考えながら。通りがかりの人が、どこかに行くにはどう行けばいいのかと思いがけず君に道を訊ねる。君は答えを出してやることができるだろう？」

「できますね」

「そら、そういうことだ。まったくもって単純だよ。君は自分の問題を考えている。君が考えていたこととはまったく関係のない質問が出てきても、君はその人に答えられる。君の中に答えが保存されているんだよ」

「しかし、それは目的地までの道を説明してほしいという要望だけです。もしも通りがかりの人に、その私たちが出くわした街で、ほら例えば千年前に何があったかなんて聞かれたとしたら、誰も答えを出してやることはできないでしょう」

「できないね、ちょっと怠けてしまえば。すべては一人ひとりの内とその人の周りに、創造の瞬間から保存されている。さあ、もう乗った方がいい、そろそろ出航だ」

老人はオールの方に座った。岸から一メートルくらい離れたとき、黙っていた老人が話しかけた。

「この情報とあらゆるものの思いに囚われて、泥沼にはまり込むでないぞ、ウラジーミル。自分自身で現実を見極めるんだ。実体と目にみえないものとを自分で均等に感じるんだよ」

「なぜそんなことを言うのです？　私にはわかりません」

「君が情報の中を根掘り葉掘り掘り下げ始めたからだよ、頭でそれを判断し始めた。しかし、それではうまくいかないんだ。孫娘が知っていることの量は、頭脳には収まりきらない。それに君は、周りで起こっていることに気づくことをもうやめておる」

「いえ全部気づいていますよ。ほら河、舟……」

「それではなぜ、全部気づいている男が、孫娘や自分の息子ときちんとした別れもできなかったのかね？」

「それは確かに、しっかりと別れの挨拶ができていなかったかもしれません。私はもっと世界的なことを考えていたんですよ」

私は実際、アナスタシアにほとんど別れの挨拶もせず、道中ずっと必死になって考えていた。どうやって河まで来たかも気づかないほどに。加えて祖父に言った。

「アナスタシアも同じように他のことを夢みています、世界的なことを。彼女はいちいち感傷に浸る必要もないでしょう」

「アナスタシアはすべての存在の次元空間を感じておる。そしてそれぞれを感じても、他のものを犠牲にはしないのだよ」

「それは？」

「お前さんの荷物から双眼鏡を出してごらん。この舟が離れた岸を、木のところをみてごらん」

私は双眼鏡の中の木をみた。木の横に、息子をその腕に抱いてアナスタシアが立っていた。腕には小さな包みがぶら下がっていた。息子を抱き、河の流れに沿って離れて行く舟に向い手を振っていた。私もアナスタシアへ手を振った。

「孫娘は息子と一緒に、君の後ろを歩いていたようだな。君が考えるのを終えて、息子のことを思い出し、彼女のことを思うのを待っていたんだ。そしてほら小包も、君のために摘み集めて用意した。でも君には、彼女から受け取った情報の方が大事だったということなのだよ。精神的なこと、物質的なこと、これらすべてを均等に感じなければならない。そうすれば人生は強いものになり、二本の足でしっかり立つことができる。ひとつが他方に対し優位になると、偏ってしまうんだよ」

老人は温和に話し、そしてオールを巧みに動かしていた。

彼へなのか、自分へなのか、私は声に出して答えようとした。

「今、私は大切なことを理解しなければ……。自分で理解しなければ！　我われは何者なのか？　どこにいるのか？」

# ゲレンジークの超常現象

尊敬する読者のみなさん、私によって本に書かれていることは、すべて私が自分でアナスタシアから聞き、この目でみて、体験したことである。すべての出来事は私の人生の中の現実の出来事であり、そしてそれらを描写しながら、私は特に初めの頃の本の中で、匿名ではなく実名や所在地をそのまま記載してしまった。それについて結果的に悔やむことになってしまった。好奇心旺盛な人々が、それらの人々の平穏を頻繁に邪魔するようになっているからだ。

重大な問題となったのは、私とアナスタシアに繋がるありとあらゆる噂、出来事、そして現象である。これらの出来事の独特な解釈、つまり、独特な結論が私の心を騒がせている。私はそれらのすべてに同意できるわけではないからだ。例えば、私はドルメンへの崇拝には反対である。ドルメンに対して敬意をもって扱うことは可能であり必要であると考えるが、しかし崇拝ではない。

アナスタシアの読者の中には、様々な信仰や宗教的グループの人がおり、受けた教育も様々である。私はすべての出来事の解釈に対しても配慮をもって対処するべきだと考える。一人ひとりが自分の意見を言う権利がある。しかしそのときには、「これは私の意見、私の推定である」と言おうではないか。そしてもちろん、次から次へと私やアナスタシアを煙に巻くようなことをしないでいただきたいのだ。そうでなければアナスタシアを、あまり凡人とは言えないかもしれないが、人間から何かの奇妙な生き物に変えてしまうことになりかねない。実際彼女は普通の人間かもしれず、普通でないのはまさに私たちの方かもしれないではないか？　ほら、私自身がまた迷い込んでしまった。これは、以下のような状況が私を悩ませているからである。

まさに今、アナスタシアが交信する閃光《せんこう》が走る球体について、ものすごい勢いで噂が広まっている。尊敬する読者のみなさん、覚えていらっしゃるだろうか、前書において私が、アナスタシアが極度に危険な状況におかれるときに、その球体が彼女のそばに現れる様子を描写したことを。彼女が幼い頃、両親の墓の前で泣いていたときに初めて現れ、その後彼女に最初の一歩の歩みを教えたことを。彼女への危害の企ての際に彼女を守ったことを。祖父が「あれはいったい何だい？」と訊ねたとき、アナスタシアが「あれは善《よ》いものよ」と答えたのを。

そう、彼女はそれと交信している。しかし彼女はその自然現象が何の現れなのかを完全には知らないのだ。私はなんのために、どこからともなく表れる閃光の球体について唐突に思い出しているのか？　それは、たくさんの証言者が認めているように、まさにその球体がゲレンジークに現れ、そして何度か大騒ぎを起こしているからである。そして今や悪意のある人々により、まるでアナスタシアが、何かの際には、彼女に都合の悪いものをこの球体の助けを借りて破壊することができる、という噂が広まっているからである。彼女は光の勢力だけでなく、闇の勢力とも交信しているという。そしてそこに、読者自身が火に油を注いでいる。トゥアプセ市においては、ゲレンジークのように目を引く街になるようにと、その球体をソチ市域へ送るように依頼する人もいたのである。

尊敬する読者諸君、私はこれからゲレンジークで実際にあったことを語ってみようと思う。そしてみなさんにこのことに対して落ち着いて、そして良識をもって対処していただくことを呼びかけたい。

ゲレンジークの地元社会団体は、アナスタシアの一連の本の読者集会に向けて準備をしていた。団体の幹部と市政府との関係は、控えめに言ってもぎこちないものだった。そこへ私が、二冊目の本で市の過去の首脳陣のことを批判的に評した。そのような背景のもと……、まさかこんなことが起ころうとは。

一九九九年九月十七日午後、アナスタシアについての本の読者集会の前日だった。街では風が吹き出し雷も鳴り始めた。市政府庁舎前の小さな広場に、突然閃光の球体が現れた。それからのそれの動きは、今人々が話していることによると、アナスタシアの球体の動きにとてもよく似ていた。

ゲレンジークに現れた閃光の球体は、広場を取り囲む建物の避雷針を通り過ぎ、広場の真ん中に立っている木に触れた。その後、閃光の球体から少し小さいいくつかの閃光の球、または光線が分離した。ひとつは市長室の中に飛んで行き、そこにいた人々の目の前を飛び回り、そして出て行った。

もうひとつは副市長であるガリーナ・ニコラエヴナの執務室の窓へ入っていき、しばらくの間空中で止まり、それから窓の方へ飛び、窓ガラスに未だ消えない奇妙なマークを描いて飛び去った。

その後、噂ではゲレンジーク市政府は高潔で曇りのないものになったということだ。まさにその閃光の球体の出来事の後で、市政府が市を訪れる読者たちの受け入れ手段を改善したり、市の郊外にあるドルメンを整備したり、毎年バルドソング・フェスティバルの開催や、他にも以前市がやろうとしなかったたくさんのことを決定するようになったと考えられている。

この出来事の噂は、ゲレンジークにアナスタシアの閃光の球体が現れたという裏付けを持って広がった。私は、それが球電光（＊雷放電が激しく起きているとき、直径二十五センチくらいの発光する火球が出現し、数秒から数分間地表付近を動きまわって消失する現象）という現象であったという説を持ち出そうとした。動きが本に書いてあるものと類似しているのは偶然の一致であるとして。市政府はいずれにせよ何かの決定を下さなければならなかったのである。それによるものではなかったのだと、すぐに私への説得が始まった。「偶然ではない。この場合偶然がひとつではなく、連鎖となっている」。さらに断言する人もあった。「偶然が結果的にある種の連鎖となっているとき、それは法則と呼ばれる」

もちろん、複数の偶然が連続して起きた、とも言える。しかし今のところどうやって球体が避雷針の前を通り過ぎて行ったのか理解できない。なぜそれは広場の大きな木の上をかすめ、燃え上がり、とどろき、それにもかかわらず木を燃やすことなく、そして庁舎の窓の方へ飛んで行ったのか？　しかもまさに読者の来訪に関わる問題について決定権を持っている人々がいる部屋に？　なぜ閃光の球体が現れた後すぐに、たくさんの問題に対し肯定的な判断が下されたのか？なぜこの球体が現れた後の読者集会に、立法議会の議長が挨拶に来たのか、等々。

噂では、ゲレンジークが繁栄し、アナスタシアが言ったように「……エルサレムやローマよりも素晴らしい」都市になるように、ゲレンジーク市長と市政府機関全体が大きく変わったのだと主張されるようになった。また球体がみんなを脅したのだと言う人もいた。

ゲレンジークに到着し、私は市長と副市長に会った。球体によって窓ガラスに描かれたマークをみ、それに触れた。市長室の中に何か変わった匂いを感じた、香と硫黄《こういおう》に似た匂いだった。しかしどんな脅威《きょうい》も感じなかった。逆に、例えば副市長のガリーナ・ニコラエヴナは、以前よりも朗らかにさえなっていた。彼女も、出来事の経緯を私に話して聞かせ、そして問うた。

「どうお思いになります？　これは何かの兆しだったのでしょうか？」

結局のところ、私の球電光の説は受け入れられなかった。そして私は状況を簡素化しすぎだと責められるようになった。

私が実際に出来事を簡素に扱おうとしたことを隠すつもりはない。それに私がそうするのは、この状況に限ったことではないのだ。なぜか？　なぜなら情報で惹きつけてしまうからだ。いくつかの宗教的組織の指導者たちが、アナスタシアの普通でない能力について人々を脅しているように。彼らが、彼女の能力が神からのものではなく、アナスタシアは人間でないからだと断言しているように。彼らはこのことについての記事を、自分たちの刊行物の中で書いている。ゲレンジークに現れた閃光の球体の出来事に、彼らがどれほど尾ひれをつけるのかを私は想像するのだ。

私は、球体がアナスタシアのものであるということを否定するつもりもないし、そうだと証明するつもりもない。これはもう意味のないことなのだ。一人ひとりが自分の意見を持っていればいいのだ。私は、尊敬するみなさん、読者諸君とこれだけを一緒に考えてみたい。閃光の球体がゲレンジークを訪れたのは、どのような力の現れであるか？

聖書には書いてある。「あなたがたは、その実によって彼らをみわけるであろう（＊新約聖書マタイの福音書七章二十節）」と。いったいどのような実だろうか？　第一に、閃光の球体は市庁舎にいかなる破損ももたらしていない。マークを残したガラスでさえ、穴はあいていないのだ。部屋に残っている匂いも不快な感じを与えない。部屋の主であるガリーナ・ニコラエヴナと話をしていたとき、同じ部屋に四人同席していたのだが、彼らのうち誰もその部屋で脅威を感じていない。広場に立っている木の上で球体はとどろき、閃光が走った。木が燃え上がるのではないかと思ったと人々は言う。しかし今、その木は元気そのもので生えている。市政府は、市を訪れる読者へのサービスの向上に関する政令を発布した。アナスタシアが話していたドルメンの見学手段を整える決定をしたのだ。好ましくない結果は何ひとつみられない。従って、その実は有益なものである。

アナスタシアは閃光の球体について、それは独立して動いているもので、命令することはできない。お願いをすることはできると言っていた。

私の本の中で、私は自分の目でみたこと、自分自身で感じたこと、そして自分の耳で聞いたことをできる限り描写しようとしている。ゲレンジークでの閃光の球体の出来事に関しては、各々が独自の見解を持っていただければよいと思う。しかし、この出来事を人々を脅すために利用することはしてほしくない。

もしもそうなってしまうと、ごく普通の出来事でさえ尾ひれをつけられてしまいかねないのだ。今既に、この閃光の球体が、ゲレンジークの読者集会での私の発表を助けたなどと言われ始めている。しかしそうではない。私は球体とはなんの関係も持っていないのだ。これらの噂には、メディアも寄与している。

尊敬する雑誌『オゴニョク』（＊ロシア語で「ともしび」の意。一八九九年発行。ロシアの古いイラストつき週刊誌のひとつ）は大きな記事を載せ、筆者はこう書いている。「……国内で大規模実験が行われている……」そしてこの記事の筆者は私についてこう書いている。「……彼は八時間にわたって演説した。これほどの雄弁家は久しくみない」また後に他の新聞ではさらに付け加えられている。「……それでいて彼はキュウリのように元気はつらつだった」これらすべての発言は、控えめに言ったとしても、誇張《こちょう》されたものであり正確ではない。

第一に、集会で私が発表したのは八時間ではなく六時間だけである。二日目の発表時間である二時間を加えたのだ。

助けに関しては、それは実際にあった、しかし不思議なことなどまったくない。

読者集会前日、ゲレンジークにアナスタシアがやって来たのだ。読者集会の前夜、彼女は私によく眠らなければならないと言った。そしてタイガから持って来た何かの煎じ薬を寝る前に飲むように勧め、私は同意した。なぜならその頃私は、実際になかなか寝付けないでいたからである。その後横になると、彼女は傍らに座り、タイガで一度ならずあったように手を握った（私はこのことを『天国にふれる』〈＊一巻〉で描写している）。そして私は眠りに落ちた、まるでどこかへ飛んで行くかのように。彼女がタイガで同じようにしてくれたとき、いつも安らぎが訪れるのだった。

朝目覚めると、窓の外は素晴らしい天気だった。体調も最高で、嬉しい気分だった。

朝食にと、アナスタシアはシベリア杉のミルクを勧めた。そして消化にエネルギーを消耗するから肉は食べない方がいいと言った。私もシベリア杉のミルクを飲んだ後は肉を食べたいと思わなかった。杉のミルクの後はまったく何も食べたいと感じないのだ。

私が読者集会で来場者の前で発表していた時、アナスタシアはそばにはいなかった。彼女はしばらく静かに客席の読者の中に座っていて、その後どこかへ行ってしまったのだった。

既に私の読者集会での発表についての、でたらめな記事や噂が出てきた後になって、私自身、あの時アナスタシアが何かしら助けてくれていたと思い、彼女に言った。

「アナスタシア、講演者というものは、講演の後は疲れてみえなければいけないってことを、まったく忘れてしまっていたのかい？　どうしてわざわざ人々に俺の講演が神秘的だと思わせるようなことをしたんだい？」

彼女は笑いだし、そして答えた。

「いったいどんな神秘があるって言うの、人がただよく休んでいい気分で友人たちと話していたということに？　あなたが長時間話したのは、あなたの考えが混乱して、複数のテーマを同時にカバーしようとしてしまったから。もっと短く、そして明確なフレーズを作れたはずだけれど、でもあなたはそれができなかった。それはあなたの靴がきつくて足を圧迫したために、血液の巡りが悪かったの」

ほらこの通り、実際はこんなにも単純なことだったのだ。私の演説にどんな神秘もありはしなかった。

＊＊＊

尊敬する読者のみなさん！　メディアの批判的な記事や誹謗中傷《ひぼうちゅうしょう》、侮辱、それから私や読者全員をセクト宗教とする非難に対して、なぜ私とアナスタシア財団は何も反論しないのか、というみなさんからの手紙や質問の数は増え続けている。みなさん、私は時間が惜しいのだ。なにゆえ、わざとスキャンダルを煽《あお》る人たちに反応する必要があるのだろう？　十一月に、一人のジャーナリスト（姓はヴィ……。歴史に刻むつもりはないので完全には記載しない）が、巧みにまったく同じ原稿から、見出しを変えて五つの新聞社に同時に記事を載せている。見出しを変え、それぞれ異なった名前で掲載した。本文の中の文章の順序を変え、もちろんのこと私を罵り、モラルや道徳について、そして金銭づくだと書き立てた。少し経てば、編集者たちが彼と協議することだろう。編集者たちがこのようなことをどれほど嫌うかは私も知っている。このようなことはジャーナリスト同士でも非道徳的であるとみなされるのだ。というのも、全社が彼に独占記事料として報酬を支払っているのだ。私が彼と議論してなんになるだろう？　ひょっとしたら彼は食べていけない人なのかもしれない。彼が吐き出す醜聞《しゅうぶん》や嘘に関しては、アナスタシアにまで波及することはなく、結局彼のところにすべて逆戻りするのだと私は思っている。

今、アナスタシアに関する話題が広く知られるところとなった。おそらく、それを利用して発行部数を伸ばそうという出版物もひとつではないだろう。尊敬する読者のみなさん、みなさんの数も既に百万人以上に上る。想像してほしい、私が五万もの誹謗を並べた出版物と論争を始めたら、みなさんはもちろんそれらを読みたくなり、それにより彼らの発行部数をつり上げることになるのだ。だから彼らと議論する必要はない。そもそもあなたがセクトかどうかは、あなたご自身が一番よくわかっているのだから。

**何かの出版物があなたを侮辱しているならば、それに対する最良の答えは、その購入を拒否することである。**

私に関して言えば、私はみなさんと自分の本を通してのみ交流をすることができる。ここで私は一連の質問に答えてみようと思う。

第一に、現在私はいかなるビジネスもしていない、執筆活動だけである。いかなる宗教組織にも所属していない。自分自身で私たちの生活にあるものについて何が何であるかを解き明かそうとしている。しかし私やアナスタシアに対する嘘の作り話の批判は、おそらくもっと増えていくだろう。アナスタシアが邪魔であると思う人々が多くいるのだろう。

彼らは常に自ら自分たちにスポットライトを当てている。しかし今、シベリアのアナスタシアが、国内外のいくつかの産業政財帝国と同様、いくつかの宗教組織にとっても脅威となっているのは明らかだ。

まさに彼らが、努力を惜しまずメディアの中で誇張した質問を繰り出しているのだ。「彼女は実在するのか、しないのか」、「メグレとはいったい何者か」、そして自ら答えている。「実在しない」、「メグレは商業的企業家だ」と。実際は彼らの方が他の人たちよりもよく知っているのだ、アナスタシアが実在することを。

しかし彼らには、なんとしても人々を情報の本質、真髄《しんずい》から遠ざけることが必要なのだ。なんとしても情報の源泉を遮断し、優位に立ち、人が彼らに服従するようコントロールすることが必要で、それがうまくいかなければ、根絶する。

彼らはアナスタシアから発せられる情報に、私たちよりも早く価値を見出した。彼らは、アナスタシアの実在についての質問をする人たちを嘲笑《ちょうしょう》している。考えてみてほしい、ラジオから流れてくるニュースを聞いている人に、ラジオ放送局の存在を疑う人がいるだろうか？ そして誰かが利口げに「実在するか否か」という質問をしつこく投げかけている間に、イルクーツク州、トムスク州、ノヴォシビルスク州ではシベリア杉の実の集中的な買占めと搬出が進んでいるのだ。それも外貨での買占めが。ノヴォシビルスクとトムスクからの情報によると、中国の代理業者らが行っているようだ。一九九九年は多くの地域において杉の実が豊作の年だった。しかしノヴォシビルスクの製薬工場はオイルの生産を拡大しなかった。杉の実が足りなかったからだ。西欧では杉の実で高価な薬を作っており、杉の実の中に重要な要素があることをひた隠しにしている。

読者のみなさん、覚えているだろうか。第一冊目の本の中で、私がシベリア杉の実が輸出されていると書いたのを？ そして杉の実オイルについて私が問い合わせをしようと試みたとき、ポーランドから警告がきたのだ。「この問題には触れない方が身のためだ」と。彼らはまだ今年は自分たちの分をせしめることができたようだ。しかしこれからはどうなるか。次の本で、私はアナスタシアがどのようなサプライズを用意したのか、詳しく話すつもりだ。

私は企業家である。約束した本を書き上げたら、またビジネスに係りたいと思っていた。そして自分の意向については誰にも隠してはおらず、まだ二冊目の本だったが自分でそこに書いている。しかし今は意向が変わった。西欧の利口者たちとは他のシベリアの企業が競っている。

私の意向が変わったのは、批判的な刊行物の制作者たちが、私の本を愚劣《ぐれつ》な芸術的価値のないものと呼び、私と私の読者たちをセクト集団と名づけて侮辱し、脅し続けているからだ。もちろん私は高等教育も、文学作品を書いた経験も持ち合わせていない。そしてそれらをすべて持っている人たちを、私によって書かれた本の人気が苛立たせているのだ。彼らを特に苛立たせるのは、私がこの教養レベルでありながら、編集者によるペン入れを断り続けていることである。そして私が五〇〇ページにわたる作品集『ロシアの心がアナスタシアの光に響く』を出版したことで、既に激怒を呼び起こしている。読者たちからの手紙や詩が作品集を構成しており、私はそれに編集作業を加えることを許可しなかったのだ。その前書きの中で、私はその作品集が歴史的な本であると書いた。私は今でもそう信じ続けている。この作品集は、人生についての考察や、人間の使命、今日《こんにち》の人々の今日《きょう》の希望について綴られた手紙でできている。他にどのように考えられるというのだ。あらゆる年齢の、あらゆる社会的立場や信仰を持つ人々の衷心《ちゅうしん》からの手紙と詩なのだ。これを信じずに何を信じるというのか？　そしてこの作品集は大きな人気を博している。この人気が、現代の人間には推理小説とセックスについての本しか必要ないという神話を吹き散らしたのだ。人々は詩を読む準備ができている。あまりプロらしい作品でなくともよいのだ、その代わり真心からのものだ。

既に何度となく宣言された「お前はすべての執筆家たちと私たちの教養に挑戦を仕掛けている。こてんぱんにしてやる。誰一人、お前を目にとめる者はいなくなる」と。

しかし私は作家として誰かに挑戦など仕掛けるつもりなどなかったのだ。だが彼らがメディアに本の人気ぶりを「……ロシア、愚かな国」という言葉で言及しながら、私の読者たちを馬鹿だと書いた今となっては、私は答える。私は作家になる！　もっと訓練し、勉強し、アナスタシアに助けを乞い、作家になる。新しい本を書き、既に出版された本を世界中の最良の出版社で再版する。私たちの千年紀で最高のアナスタシアの本を創る、今日のロシアの人々についての本を。

これによって私は昨今のそして未来の批評家たちへの答えとしたい。今のところはこう言っておこう。あげ足取りの諸君、許したまえ！　私はアナスタシアと共に去る。彼女は若干子どもっぽいが、しかし美しく、善良で誠実だ。我われは、百万人を超える心に美しいインスピレーションを受けたイメージが宿る読者たちと共に、我われの新しい千年紀へと出発する。諸君の心には何がある、あげ足取りの諸君よ？　ああ忌まわしい……我われの新しい千年紀を這いずり回るのはやめていただこう。諸君はどこか……まあ自分たちのところにいればよい。我われの方へ這いずり込んでも、いずれにせよ自分たちの悪意と妬みから、そこで腐ってしまうのだ。我われの千年紀には美しい創造を始め、澄んだ空気と生きた水、そして香り立つ園があるのだ。そして私はそこで新しい読者からの手紙と詩の作品集を出版し続ける。そのシリーズを『人々の本』と名づける。諸君はそれを「へたくそな言葉の詩」と書き、一方で私はそれらを美しいと言う。

さらにバルドたちの魂、ロシア、アナスタシアについての詩《うた》が入ったカセットテープを出そう。諸君はそれを、ギターをガチャガチャ鳴らすのは誰でもできると言うだろう。一方私は、彼らは魂で歌うと言う。そしてアナスタシアの言葉を付け加えよう。

「人間の魂から紡ぎだされたうたの音色より高く奏でられる楽器はひとつとしてない」

読者のみなさん、新しい千年紀の始まりに際し、みなさんにお祝いする！　地球における美しいあなた方の創造の始まりに！

『私たちは何者なのか』私は次の本をこう名づけたい。

読者のみなさんへ尊敬を込めて

ウラジーミル・メグレ

つづく……

# ウラジーミル・メグレから読者のみなさまへ

現在インターネット社会において『アナスタシア　ロシアの響きわたる杉』シリーズのヒロイン、アナスタシアの考えや記述に類似したテーマのホームページがあらゆる言語で多数存在しています。

多くのサイトが「ウラジーミル・メグレ」という私の名前を使い、公式サイトであるとみせかけ、私の名前で読者からの手紙に返事まで書いています。

この事態を受け、私は尊敬する読者のみなさんに国際的な公式サイト立ち上げの決意をお知らせする必要があると感じました。これを世界中の読者のみなさんへの、唯一の公式情報源といたします。

公式サイト：www.vmegre.com

このサイトにご登録いただきニュース配信にお申込みいただくことで、読者集会、その他の日時や場所等、多くの情報を受け取ることができます。

親愛なる読者のみなさま、みなさまとの情報チャンネルであるこのホームページで、『アナスタシア　ロシアの響きわたる杉』の世界に広がる活動を発信していくことをここにお知らせいたします。

尊敬を込めて

ウラジーミル・メグレ

# 監修者のあとがき

原書で使われている言語から直接日本語に訳出することで、行間に込められた情熱や気迫、言葉にならない想いやエネルギーをありのままお伝えするために、本書からは、ロシア語から日本語への翻訳を行うことにいたしました。

また、通常の編集作業では、読者に読み易くするために文章を移動しリライトしますが、編集は極力行わないというのも私どもの方針でした。それは一巻でアナスタシアが言及している文字の組み合せを使ったコーディングや、行間から湧き上がってくる『気持ち』を損なわないよう翻訳を行いたかったためです。なるべく原文に近い形で翻訳することと、本の行間から湧き上がってくる『気持ち』を感じ取ることを最も大切にしながら作業を進めました。句読点や倒置法が多いので、読みにくいと感じる方は、文字を目で追う読み方ではなく、ぜひとも実際に声に出して、または心の中で文章を読み上げてみてください。魂の内でその音霊《おとだま》が響き、詩のように綴られたコーディングが一人ひとりの内で解けるのではないかと思います。

さて、四巻には「気持ち」という言葉が度々登場します。ロシア語の原書には識別されることなく混在した状態で表記されていますが、私はこの単語が異なる二つの意味で使われていると思います。ひとつは、いわゆる感情を表す気持ち。そしてもうひとつは、このシリーズ特有の『気持ち』です。こちらは、一つ目の感情や気持ちという明らかなものになる以前の、けし粒よりも小さな一点であり、直感にも似た、魂の内奥にある、温かく躍動的でまだ言葉に組み立てて表現ができない状態のもの、理由なき気持ち、原初の園で感じられる歓びの気持ちです。当初は、読者のみなさまに解りやすく表記することも考えましたが、やはり原書通りにし、識別は読者のみなさまに委ねさせていただくことにしました。

もうひとつチームが頭を抱えて悩んだことは、創造主、愛のエネルギー、本質のエネルギーたちやアダムが使う二人称でした。ロシア語の原書では、いわゆる英語のYOUで書かれており、これらすべての登場人物が身近で親密、そして同等でありながらも、それぞれが個性を持っていることが表現されています。しかし日本語には「あなた」、「そなた」、「汝」など大変多くの選択肢があり、その中からYOUにあたる語彙《ごい》を選ばなければならず、なお且つ上下関係を持たせずに表現しなければなりません。悩みに悩んだあげく、これらすべての登場人物は「おまえ」で呼び合うことに決めました。この語彙自体、そして神が「おまえ」と発言することや神に対し尊敬語を使わないことに、違和感を覚える方もいらっしゃるでしょう。しかし、私たち人間も創造主と同等であるという原文の構想を忠実に描写するために、敢えて「おまえ」としました。読者のみなさまが、登場人物たちの放つ言葉の中に、それぞれの個性やお互いを尊重し合う関係を感じ取って下されば幸いです。

また、ロシア語で宇宙を意味する次の四種類の語彙を、以下のように表記しました。「大宇宙」（Вселенная）、形容詞として使う「宇宙」（вселенский）、「森羅万象」（мироздание）、天文学や物理的な〝宇宙〟（космос）。

さて、地球には今、数えきれないほどの問題が複雑に絡《から》み合って存在していますが、私はアナスタシアの提案こそが、これらすべての問題を一掃してくれる解決策だと確信しています。四巻には、アナスタシアの言う『祖国―愛の空間』の全貌《ぜんぼう》が書かれています。「各家庭に一ヘクタールの土地を無償《むしょう》で政府が提供する。そしてその土地とそこで生産される作物に一切課税をしない。また土地はその子孫に無償で引き継がれること。土地の四分の三もしくは半分を森とすること」『祖国』で育てられる多種多様な植物は一族のDNAを把握し、常にレメディーを与え、一族を脈々と養ってくれます。生活に最低限必要なものに課税されることがなければ、現金を得るために会社に人生を捧げることも、土地や資源の奪い合いをすることもなくなります。必要最低限の電気などは、現在の技術を駆使《くし》すれば十分各家庭でまかなえるでしょう。各家庭が自身の土地を管理するのですから、環境や景観も美しく、生態系も豊かになり、そこには持続可能な自然と文化、つまりパーマカルチャーが営まれるのです。毎日十分な時間を家族や友人と過ごし、教育や文化が育まれる人生を享受できるのです。愛の空間である各々の『祖国』で、植物や、先祖からの愛と徳に包まれ、すべてに守られて人生を謳歌《おうか》している自分を想像してみてください。どれほどその暮らしが美しく、愉しく、心地よいものか。

ロシアでは、アナスタシアが四巻で『祖国―愛の空間』の全貌を明らかにすると、読者の多くが実際に各々の人生の変革を始めました。まさにライフスタイルの革命が起こったのです。今日、ロシア国内だけでも、読者たちによって二百以上の『祖国』のコミュニティが創られ、歓びに満ちた暮らしを営んでいます。また、彼らはロシア政府に『祖国』を人々に与えることを可能にする立法を呼び掛け、この法案が現在国会にて審議されています。既にベルゴロド州では、『祖国』を希望する家族を誘致《ゆうち》しようと、肥沃な土地を提供しています。このような動きは実際に今、この同じ地球で行われているのです。彼らは夢を夢のままで終わらすのではなく、実際に大地に立ち、汗を流して、自らの夢を手に入れました。私は、近い将来日本でも、誰しもが『祖国』を持てるようになることを夢みています。

そして、これは決して空想ではなく、実際に実現可能な私たちの未来です。この美しい創造的な人生を謳い上げ、後世に美しい創造を残す生き方を選ぶのか、それとも現状を傍観《ぼうかん》し、動植物が生息できない環境と山積みの問題を後世に残すのか、この選択は私たち一人ひとりに委ねられています。アナスタシアの夢にメグレ氏が加わり、ロシアの読者たちも加わり、その人々の夢は私の夢にもなりました。私は、日本でもその仲間の輪が広がることを願っています。

最後に、この本の出版を可能にして下さった方々に、この場を借りてお礼をお伝えさせていただきたいと思います。

まずはなんと言っても著者のウラジーミル・メグレ氏です。メディアやアナスタシアのファンと名乗る読者たちから誹謗中傷を受けながらも、シリーズを書き続けて下さった著者に私は心からの敬意を表したいと思います。

次に、私どもの想い、そして何よりもこの本の重要性を実感し受け止めて下さり、出版に携わって下さったすべての方々にも感謝申し上げます。また、翻訳家のにしやまさんの翻訳力と表現力、そして純粋なお人柄にも大変助けられました。そして、ロシア語のネイティブとして確認作業に付き合って下さったサナさん、翻訳&編集チームメンバー、真紀さんを始めとするアナスタシア・ジャパンのスタッフ、読者のみなさまにも、心から感謝申し上げます。

第四巻がロシアで最初に出版されたのが一九九九年十一月。二十一世紀になる直前のことでした。ロシアの人々の意識とライフスタイルは変わりつつあります。日本の読者のみなさまも、理性や思考ではなく、感じる力をフル稼働し、この本に秘められたありのままの『気持ち』を受け取って下さいますように、そしてお一人おひとりが真《まこと》の『歓び』を選択し、行動に移し、光り輝く存在であるご自身を受け入れて下さることを心から祈っております。

監修チームリーダー　岩砂 晶子

# 二〇一五年元旦著者のご挨拶

＊ビデオ収録スピーチから一部抜粋し、日本語に訳出したものです。本挨拶文はアナスタシア・ジャパンのホームページからもご覧いただけます。（URL：www.anastasiajapan.com）

「こんにちは、親友なる友よ！　そして、まず第一に、こんにちは、アナスタシア。

時は二〇一五年になろうとしています。二〇一五年は素晴らしい年になります。それは、偉大なことが起こる年、多くの国が変革する年。もしかすると全世界がシフトする年と言ってもいいのかもしれません。少なくとも、二〇一五年から地球の新しい時代が始まります。

まず、各々の独自の努力でロシア全土に二百十箇所以上におよぶ祖国コミュニティを築き上げた私の読者に、お祝いの言葉をお贈りします。アナスタシアが言っていた一族の土地。それは未来の新しい世代が育つ、そして現在既に育てられている、小さな美しいオアシス。

人々は、一族の土地、祖国の構想のことを国民的構想と名づけました。そしてそれは〝ボトム・アップ〟の形で生まれました。Ａ・ソルジェニーツィン（＊ソビエト連邦時代の強制収容所・グラグを世界に知らせた『収容所群島』や『イワン・デニーソヴィチの一日』の著者、一九七〇年ノーベル文学賞受賞）が言うように、国民的理念は〝ボトム・ダウン〟であってはなりません。国民的構想は、国民によって発展し、育まれなければならないのです。そうした場合にのみ、自ずと、真で偉大な構想となる。そうした場合にのみ、幸せな国民が暮らすような、偉大な国家の誕生を伴う構想となるのです。

必ずやそのようになります。既に、そのようになっています。美しい女世捨て人の夢が、何十万人、いやもしかすると何百万人という国民一人ひとりの夢となっているのです。その人たちの一部が、一族の土地についての法律が執行されるのを待つことなく、自力で一族の土地、祖国を築き始めています。一ヘクタールの土地を取得し、道路を造ったり、電線を引いたり、家を建てたりすることを実際に始めたのです。住居はそれぞれ異なっています。二階建てもあれば、小さな平屋の家もあります。けれどそこに住む人たちは、コンクリートの箱のような都会のマンションに住む人たちより、ずっと幸せです。先頭を歩んで行くあなた方、美しい未来への道を導いてくれるあなた方に感謝しています。ありがとう！　理解してくれてありがとう！

また、ロシア大統領、ウラジーミル・ウラジーミロヴィチ・プーチンにも良き新年をお祈り申し上げます。ウラジーミル・ウラジーミロヴィチ、あなたがご自分の心と魂で、この偉大なアイディアの本質を理解なさることを願っています。ロシア国民の多くが、何を目指し、何を成し遂げたいと望んでいるのかを、ぜひとも理解していただきたいと思います。あなたに与えられた素晴らしい使命を想像してみてください！　その使命とは、多くのロシア人の夢に触れ、それを理解し、そして実現させることとです！　ご成功をお祈り申し上げています！

次に、ベラルーシ大統領のアレクサンドル・グリゴリエヴィチ・ルカシェンコ、カザフスタン大統領のヌルスルタン・アビシェヴィチ・ナザルバエフ、ウクライナ大統領のペトロ・オレクシーヨヴィチ・ポロシェンコにも新年のご挨拶をさせていただきます。それは、お三方の国でも、『アナスタシア ロシアの響きわたる杉』シリーズの読者たちが、その美しい夢にインスピレーションを受け、仲間を集めて一族の土地、祖国を築いているからです！ 尊敬する大統領の方々、ぜひ想像してみて下さい。こういった行動こそ、私は本物の愛国心だと思うのです。愛国心を、具体的な行動に変えなければいけないからです。一ヘクタールの土地を取得し、そこで美しいオアシスを創り上げ、子どもを産み、その場所を小さな祖国と呼ぶこと以上に、愛国心と言える行動が存在するでしょうか⁈ 亡くなった家族をその小さな祖国に葬ること以上に、愛国心と呼ぶに相応しい行動があり得るでしょうか⁉ これこそ、本物の愛国心ではないでしょうか。このような人々が自分の祖国を裏切ることはありません。そして、温暖な地方にあるのか、寒冷な地方にあるのか、雨が多いか少ないか、地質は良いか悪いかというようなことは、一切関係ありません。その小さなオアシスは、自分の子どものように最も親しく、祖国として最も馴染み深い土地であり、一番好きな場所なのです。従ってロシア全体も、最も親しく、最も馴染みの深い、一番好きな祖国なのです！ いつかきっと、あなた方全員が集まり、このアイディアの実現方法、国民と共に実現する方法について話し合う時が来ると思っています。それ以外の道はないのですから。もっと効率良い、意義のある、異なった道があるのであれば、既に宣言されていたはずです。ですが今は、このアイディア以外の案がそもそも存在していないのです。多くの科学者たちがそれを証明しています。アルタイ地方やモスクワで多くの学会が開かれています。M・V・ロモノーソフ・モスクワ国立総合大学のミハイル・パブロフ准教授が一族の土地についての素晴らしい論文を書いて下さいました。米国のホームステッド立法百周年記念日に、アメリカ大統領が『高潮はすべてのボートを引き上げる』と言っていました（＊米国で一八六二年に制定された法律。米西部の未開発の土地、一区画百六十エーカー〈約六五ヘクタール〉を無償で払い下げるもの。別名、自営農地法）。彼は正しかったのです。ホームステッド法よりも強力な高潮が、まず私たちの祖国ロシアの、そして次にCIS諸国（＊独立国家共同体、ソ連崩壊時に、ソビエト社会主義共和国連邦を構成していた一五カ国のうちバルト三国を除く十二カ国によって結成された国家連合体）のすべてのボートを引き上げるでしょう。

次に、とりわけ女性のみなさんに感謝の言葉を述べたいと思います。一族の土地、祖国のムーブメントがどのように発展してきているのか、私は知っています。自分の未来の住まいと祖国を、ご家族で創る人たちは多い。ですが家族関係が上手くいかなかった女性や、家族がいない女性も多いのです。彼女たちは独り身です。それにもかかわらず、一人で一ヘクタールの土地の世話をこなしている女性や、一人で家を建てている女性たちをみてきました。さほど大きな家ではありませんし、あまり整備が行き届いているとは言えませんが、彼女たちは未来を創っているのです。いつか、素晴らしい運命の人が訪れ、傍らに立ち、そしてふたりで未来を創っていくことを信じて、彼女たちはそれを自分の手で造っています。

さて、話は少し変わりますが、去年は色々な出来事がたくさん起こったので……、ここでお伝えし忘れないように頑張っているんです！　例えば、ロシアのベルゴロド州で開催された素晴らしいフェスティバルのこと。これは、政治家と国民が一緒になって行動した、実に良い例になりました！　ベルゴロド州のエフゲニー・ステパノヴィチ・サフチェンコ州知事、ありがとうございます！　そして州知事のチームにも大変感謝しています！　政治家への市民の敬意をみることができて、本当に嬉しく思いました。そしてフェスティバルの会場で、ある女性がこんな素直なことを言っていましたので、みなさんにもお伝えさせていただきます。『私たちは市長のことを誇りに思っています！』。同じようなことを、他にも多くの人が言っていました。そしてそれだけではありません。その人たちはご自身のことも誇りに思うようになっていました、『私たちが善《よ》い市民だからこそ、政治家の態度が善いのです』と。ベルゴロド市の近辺に一族の土地、祖国を創る尊敬するみなさん、あなた方は大変善い市民です。そして、その自治体の政治家も大変善い方々です！　これから、ロシアの他の地方でも同じようなことが起こっていくと思います。

仕事の合間をぬって、一族の土地の法案を具体的に作って下さった方々についても述べさせて下さい。歴史学、経済学を勉強し、論文や提案、法案等を大統領の管理局、行政機関、国会に送って下さった方々のことです。国会において、二つの政党から一族の土地についての法案が提出されたのは、これらの方々のおかげでもあります。ベルゴロド州においてはそのような法案が既に執行されていますが、もっと規模の大きなものにしなければなりません。全国規模にしなければ。そうすれば、ロシアの広大な土地において、人が住んでいなかったところでも、何百万の入植地、何百万の新しいタイプの村や集落ができるでしょう。例えば、ウラジーミル市の郊外に祖国コミュニティができたのですが、それはまだ政府側からの援助を得ていません。ですが、入植地はひとつだけではないのです。十四もの入植地ができていました。ほぼすべての祖国コミュニティにおいて、教師や医者、芸術家がいることをご存知ですか？　そして彼らは、若い世代をとても重視しています。彼らが、国家政府が直面している課題を解決させていると思います。さらに言えば、農業分野は、政府がいかなる投資をしたとしても伸びることのない、いわば〝ブラックホール〟と言われていますが、そうではなくなっていくでしょう。なぜなら、何百万人もの国民が、自分の心で、自らの物質的な豊かさで、農業分野を復興させるからです。そんな彼らに、さらに政府側からの支援があればどうでしょう！　ロシアの未来はなんとも美しいものです。その美しい未来のことを想像すると、胸がワクワクしてきます！

『そうですね……地域復興もいいですが、他にも解決しなければならない課題が山ほどありますよ……』と言う人もいるかもしれません。それに対して、私は先ほどの台詞を繰り返します〝高潮はすべてのボートを引き上げる〟

これらの入植地こそ、未来の偉大な科学が誕生している場所なのです。入植地には、博士や博士号を取った人たちもいます。私の一族の土地の隣人、ヴィクトル・ヤコブレビッチ・メディコフさんは経済学の博士号を持っていて、国家評議会に三回も委員として参加されている方です。

彼は、ルブリョーフカ（＊モスクワの裕福層が郊外に大邸宅を構える地域）にも、黒海沿いのリゾート地にも住むことができる経済力を持っています。それでも彼は、ウラジーミル市の郊外にあるご自分の一族の土地に、歓んで通っているのです。そこには贅沢な大邸宅ではなく、心地良いログハウスがあり、そこに、イタリアに住んでいるお嬢さんとお孫さんが歓んで遊びに来ています。それが完成すると、お嬢さんがイタリアに移ってしまった頃、彼はまだ一族の土地を持っていませんでした。それがお嬢さんは祖国に帰りたいと強く思うようになったそうです。他にも似たような話はたくさんあります。

科学は自発することはありません。そして科学の大発明、偉大なイノベーションは、スコルコボ（＊ロシア版シリコンバレー。海外から投資を募り、ロシアでのイノベーションやハイテク産業を伸長させることを目的に定められた特区）のような研究センターで起こるわけではありません。そのような研究センターには、肉体的にも精神的にも健康な若者がいなければなりません。お金のためではなく、欧米に移住して高い給料をもらうためではなく、自国のために働きたいと思うような若者がいなければ、それは起こらないのです。

一族の土地を築く多くの人は、自分たちの意思を宣言書形式で表明し、想いを共有し合っています。この宣言書には、何を望んでいるのか、なんのためにそれを望むのか、自分と自分たちの祖国の美しい未来をどのように達成しようとしていのかを表現します。そしてその多くの宣言書は、国会や大統領に宛てて送られていました。

それからもうひとつ、非常に重要なことです。ウラジーミル市長はとても活動的な方で、輸入品を段階的に撤退させることを積極的に進めています。ウラジーミル州で開催された食品展示会では、ウラジーミル州スドゴドゥスキー地方を代表し、一族の土地を築いている人たちが自分たちで生産した食品を出品していました。彼らの蜂蜜、キュウリ、トマト等が他のものと並んで展示されていたのです。

更に、ノヴォシビルスク市の自治体からの依頼で、リンギング・シダーズ社は香港の国際食品展示会で、ロシアを代表して出展していました。シベリアで生産される、比類ないシベリア杉のナッツオイルを展示させていただいたのです。これは大昔からの食品です。オーガニック食品についで話すとき、まず〝その食品はどこで生産されたか？　どの都市で、どのような空気の中で生産されたのか〟を知らなければなりません。

リンギング・シダーズ社のナッツオイルを生産している唯一の工場は、田舎に建設されました。他でも生産はできるのですが、田舎ではより高品質のオイルが採れます。空気が品質に大きな影響を与えるため、大都会で生産するのは不可能なのです。薬品を製造している工場でさえも同じです。ちなみに、このナッツオイルにはメンデレーエフ元素周期表のほぼすべてが含まれているのですが、実際に大都会で生産しようと試みたところ、ナッツオイルに含まれている要素が沈殿してしまい、元々あった要素のバランスが崩れてしまいました。このことを知って、工場は田舎へと移転されました。このような高品質のナッツオイルの生産を実現できたことを誇りに思っています。実現できたのは、アナスタシアのおかげであり、昔の知恵のおかげです。私はその昔の知恵をシベリア旅行から持ち帰ってきました。

またまた話が飛びますが、科学についても触れたいと思います。矛盾に聞こえるかもしれませんが、宇宙に向けて飛ばすロケットすべてが、不条理だということをご存知ですか?

数年前にアナスタシアのお祖父さんが、『宇宙開拓の道は機械や技術を使った道ではなく、意識によるテレポーテーションの道だ』と言っていました。私はそれについてもっと考えるようになりました。科学者と話し、それを理解し始めているのです。私たちは宇宙めがけて発射するロケットを誇りに思い、じきに月に行けるようになると言われています。ですが、銀河規模で考えれば、それはなんと小さなことか! それと比べて、意識によるテレポーテーションの方法を使えば、一瞬にして異なる銀河に行くことができます。そしてそれは現実です。不思議な現実です。まあ、人によって不思議に思うかもしれませんが、現実なのです。

そういえば、不思議関連でもうひとつ。私たちはみんな、〝魔法のテーブルクロス〟(*ロシアの童話によく登場する魔法のテーブルクロス。敷くだけでその上に様々なご馳走が現れる)や〝魔法の絨毯〟の童話を聞いたことがあります。そして私が今、大昔の結婚式の儀式(*八巻下)を執り行えば、たったの数分間で一族の土地、家、庭を築くことができると言ったら……おそらく誰も信じてくれないでしょう。〝魔法のテーブルクロス〟の様だと思われてしまうでしょう。ですが、それは実際に起きています! この儀式を執り行おうとする人たちが、百パーセント昔と同じことを再現できているとは限りませんが、部分的には再現できていて、将来必ずできるようになるでしょう！　想像してみてほしいのです。新婚夫婦たちがウエディングドレス姿のまま車で都会を乗り回したり、まるで今まで飢えていたかのようにレストランで食事をしたりする行為自体を、〝祝い事〟として呼ぶことがなくなります。新婚夫婦たちは、数分間で、家、庭、たくさんの動物がいる自分たちの一族の土地を築くようになります。それについては、本で読んでください。

それから、『母なる政党』（＊V・メグレ氏の読者たちで作った政党）のメンバー全員にとって、二〇一五年が良い年となりますようお祈り申し上げます。なんと偉大な出来事となったことか！司法省で『母なる政党』が登録されました！　登録名はそのまま、『母なる政党』です。最も適した素晴らしい政党名です。『一族』、『祖国』、『親族』という言葉から由来しています。そして、ベルゴロド市にて『母なる政党』の会議が開催されました。素晴らしい会議でした。メンバーはみんな、ボランティア精神で取り組んでいます。資金がないにも関わらず、政党は正常に機能しているのですから。会議や相談会なども開催しています。来年も、『母なる政党』の動きから目を離すことはできないと思いますよ。

アナスタシアが善い人たちとの出会いをたくさん用意してくれたので、私はとても幸せです。私の人生にその人たちが現れてくれたことに感謝しています。今でもタルガット・タッドジュッチンさんとの対話を思い出します。現在、修道院の庵室にいるフェオドリ神父。アナスタシアのおかげでとても面白い人生を歩んできました（笑）

『アナスタシアは実在しますか?』という、以前からずっと訊かれ続けているこの質問。彼女は実在します。それは、ただの個人の存在、ただの人格の存在ではありません。もはやそれは、大きな現象の実在として存在しています。アナスタシアの一部を受け継いだ女性は大勢います。アナスタシアは、『私は、私の魂のすべてを人々に与える。私は私の魂と共に人々の内にいる。そして、私は打ち勝つ』と言いました。そしてその通りでした。どんな不思議なことも、実現するものですね!

私の読者と未来の読者のために、素晴らしいことがたくさん実現することを願っています。そして、あなた方の一族の土地で、健康で幸せな子どもたちが育ちますように。リンゴ、梨、桜の木に花が咲き、実がつきますように。朝、玄関を出るとき、花が咲き、香る庭が望めますように。いつでも素晴らしい気分でいられますように。そして、愛のエネルギーがいつもそばにありますように。

みなさん、支えてくれてありがとう。理解してくれてありがとう。美しい未来に共に行きましょう! その美しい未来で、また会いましょう。いや、私たちは今、既にそこにいます。この素晴らしい生に、ありがとう!」

ウラジーミル・メグレ

二〇一五年元旦

翻訳 直日 監修チーム

◆ウラジーミル・メグレから読者の皆様へのご案内◆

●無料メールマガジン ( 英語 ) のご案内 :

- 読者集会の案内
- よくある質問への回答
- 独占インタビュー
- 他の国の読者からのニュース
- 読者の皆さんからの作品

登録方法：
下記のいずれかの方法でご登録ください。
1. ウェブサイト hello.vmegre.com へアクセスし、案内文に従う。
2. メールアドレス hello@megre.ru に "HI" という件名の空メールを送る。

●「アナスタシア ロシアの響きわたる杉」シリーズ
ロシア　第1巻 初版　1996年

著者公式サイト：http://www.vmegre.com/

●リンギングシダーズLLCは、人々の新しい気づきの一助となるよう、タイガの自社工場で生産されたシベリア杉製品および一族の土地のコミュニティで生産された製品の取り扱いや、エコツーリズムなどを行っております。
http://www.megrellc.com/

●多言語公式サイト『リンギングシダーズ』
http://www.anastasia.ru/

●第三国での翻訳者や出版者のご協力を募っています。
ご意見、ご質問は以下の連絡先までお寄せください。

P.O.Box 44, 630121 Novosibirsk, Russia
E メール：ringingcedars@megre.ru
電話：+7 (913) 383 0575

◆◆◆

＊お申込み・お問合せは、上記の各連絡先へ直接ご連絡ください。

## 『アナスタシア ロシアの響きわたる杉』シリーズ

当シリーズは十冊を数え、ウラジーミル・メグレは続巻ならびに脚本の執筆も計画している。また、ロシアの国内外で、読者集会や記者会見が催されている。

また、『アナスタシア ロシアの響きわたる杉』シリーズの活発な読者たちによって、一族の土地の創設を主な目的に掲げた民間団体が創設された。

著者は、一九九六年から二〇一〇年の間に、『アナスタシア ロシアの響きわたる杉』シリーズの十冊の本：『アナスタシア』、『響きわたるシベリア杉』、『愛の空間』、『共同の創造』、『私たちは何者なのか』、『一族の書』、『生命のエネルギー』、『新しい文明（上)』、『新しい文明（下） – 愛のならわし』、『アナスタ』を執筆し、総発行部数は十七カ国語で二千五百万部にまで達している。

また、ウラジーミル市非営利型文化と創造支援アナスタシア財団（一九九九年創設）およびウェブサイト www.Anastasia.ru も創設している。

著者　ウラジーミル・メグレ ／ 原書言語　ロシア語

第一巻『アナスタシア』
第二巻『響きわたるシベリア杉』
第三巻『愛の空間』
第四巻『共同の創造』
第五巻『私たちは何者なのか』
第六巻『一族の書』
第七巻『生命のエネルギー』
第八巻『新しい文明(上)』
　　　『新しい文明(下) — 愛のならわし』
第九巻『アナスタ』

原書版では『アナスタ』は第十巻の扱いで、第九巻は読者自身が著者となって綴る「一族の書、一族の年表」という位置づけとなっている。

アナスタシア　ロシアの響きわたる杉　第四巻［改訂版］

**共同の創造**

●

2015年11月11日　初 版 発 行
2024年10月24日　第十一版発行

著者／ウラジーミル・メグレ
訳者／にしやまやすよ
監修者／岩砂晶子
装丁／はるみるく。
組版／GALLAP

発行／株式会社直日
〒500-8211　岐阜市日野東8丁目1－5（1F）
TEL　058-227-6798

印刷所／モリモト印刷株式会社


ISBN 978-4-9908678-0-5　C0011
落丁・乱丁の場合はお取り替えいたします。
定価はカバーに表示してあります。

## 株式会社直日《なおひ》　アナスタシア・ジャパンの想い

アナスタシアが伝えています『創造のはじまり』と『真理』に触れたとき、琴線に触れたとき、誰しもがそうであるように、私たちも行動の一歩を踏み出しました。株式会社直日を二〇一二年春に設立し、アナスタシアのメッセージをお伝えすべく、私たちは表現を開始しました。

「ひとりでも多くの日本のみなさまに、アナスタシアのメッセージ、そして彼女の美しき未来の提案をお伝えしたい!!!」、「この構想が、今地球上に山積しているすべての問題を一気に解決する一番の方法である」と。

ロシアで既にはじまっている美しきオアシス『一族の土地』創りを、日本の地で実現できますよう、お手伝いをさせていただいています。

また、アナスタシア・ジャパンは、アナスタシアより伝えられたシベリア杉（学名　シベリアマツ）製品を、生産元のリンギング・シダーズ社より輸入・販売し、みなさまの心身の健やかさのお手伝いをさせていただいています。さらに、『一族の土地』で暮らす人々が手間暇かけ心をこめて手作りした品を、日本にご紹介、販売させていただいています。このことが、先ずはロシア連邦での立法の後押しとなり、やがて日本でも形創られていく運びになると思っています。そして、その一助となればどんなに嬉しいことでしょう。

私たちは、これからもみなさまとご一緒に共同の創造を行うことを心より願い、希求して参ります。

ＨＰ：www.anastasiajapan.com　リンギング・シダーズ社日本正規代理店
ＴＥＬ：〇五八－二二七－六七九八
（平日十時から十七時　＊オンラインショップのため、実店舗はございません）